Ernst Curtius

Beiträge zur Geschichte und Topographie Kleinasiens

Ernst Curtius

Beiträge zur Geschichte und Topographie Kleinasiens

ISBN/EAN: 9783743643185

Hergestellt in Europa, USA, Kanada, Australien, Japan

Cover: Foto ©ninafisch / pixelio.de

Weitere Bücher finden Sie auf **www.hansebooks.com**

Beiträge

zur Geschichte und Topographie Kleinasiens

(Ephesos, Pergamon, Smyrna, Sardes)

in Verbindung mit den Herrn

Major Regely, Baurath Adler, Dr. Hirschfeld und Dr. Gelzer

herausgegeben

von

Ernst Curtius.

Aus den Abhandlungen der Königl. Akademie der Wissenschaften zu Berlin 1872.

—

Berlin.
Buchdruckerei der Königlichen Akademie der Wissenschaften (G. Vogt).
Universitätsstrasse 8.
1872.
—
In Commission bei F. Dümmler's Verlags-Buchhandlung.
(Harrwitz und Gossmann.)

Das vorliegende Heft enthält die Ergebnisse unserer im Herbst 1871 (vom 14. September bis zum 7. Oktober) von Smyrna aus gemachten topographischen Arbeiten, welche der Akademie am 25. Januar und am 6. Mai vorgelegt worden sind.

Die Seitenzahl bezeichnet die laufende Pagina des Jahrgangs 1872 in den Abhandlungen der philosophisch-historischen Klasse der Königlichen Akademie der Wissenschaften.

Die Stadtlage von Ephesos ist von der aller übrigen Städte Ioniens wesentlich verschieden. Denn mit Ausnahme von Myus, der früh untergegangenen Zwölfstadt, ist Ephesos die einzige, welche keine offene Küstenlage hat. Vielmehr ist ihr Stadtgebiet vom Meere getrennt und zwar durch ein hohes, unwegsames Felsgebirge, das von der Bucht von Scala-Nuova landeinwärts streicht und dann fast in rechtem Winkel umbiegend einen bis gegen 1300 Fufs hohen Felsrücken bildet, der in gerader Linie von SO. nach NW. auf den Kaystros zuläuft. Sein letzter Ausläufer bildet eine besondere Felshöhe, die durch einen tiefen Sattel mit dem Hauptrücken zusammenhängt und mit steilen Wänden unmittelbar zur Flufsniederung abfällt; sie ist durch die wohl erhaltenen Überreste eines antiken Befestigungsthurms, welche auf ihrem Gipfel stehen, weithin gekennzeichnet; es ist derselbe Thurm, dem die Legende den Namen des St. Paul-Gefängnisses gegeben hat. Das ganze Gebirge vom Meer bis zur Kaystrosmündung hiefs bei den Alten Koressos. So erklärt es sich, dafs es auch einen Hafenplatz dieses Namens gab, wo die Ionier landeten, um den Marsch über Ephesos nach Sardes anzutreten, und einen Gipfel desselben Namens, dessen Entfernung von der Stadt auf 40 Stadien angegeben wird[1]).

Der Koressos im engern Sinne, wie er auf der beifolgenden Planskizze von Ephesos dargestellt ist, bildet die westliche Schranke des alten

---

[1]) Herod. V, 100. Diodor. XIV, 99.

Stadtlokals, während er im Osten mit einem um die Hälfte niedrigeren Berge in Zusammenhang steht, welcher auf einer fast kreisrunden Basis zu mehreren Gipfeln ansteigt.

Das ist der Berg, dessen bekannteste Merkwürdigkeit jetzt die an seinem Ostrande gelegene 'Grotte der Siebenschläfer' ist. Sein alter Name ist nicht mit Sicherheit überliefert. Wir wissen nur, dafs der Südrand Λεπρὴ ἀκτή genannt wurde; der Name des ganzen Bergs scheint Πίων gewesen zu sein[1]).

Koressos und Pion haben einen sehr verschiedenen Charakter. Während jener bis zu seinem letzten Ausläufer hin einförmig, unwegsam, nach beiden Seiten schroff und nur bei künstlicher Terrassirung bewohnbar ist, hat der Pion eine sehr mannigfaltige Gliederung. Oben ist er mit Felsrändern umgeben, welche durch Steinbrüche zu scharfen Kanten und steilen Wänden abgeschrofft sind (daher der Name λεπρὴ ἀκτή), unterwärts breitet er sich in milden, erdreichen Abhängen aus, deren Fruchtbarkeit in dem Namen Πίων angedeutet zu sein scheint. Pausanias führt unter den Merkwürdigkeiten Ioniens die Naturbeschaffenheit des Bergs Pion an, ohne näheren Aufschlufs zu geben. Vielleicht läfst sich aus ephesichen Münzen die Andeutung des Periegeten ergänzen. Denn wenn auf einer Reihe von Kaisermünzen[2]) der Berg mit Namens Beischrift so dargestellt ist, dafs auf seinem Gipfel Zeus sitzend in der Linken den Blitz hält, während er mit der Rechten Regen ausgiefst, so läfst sich daraus entnehmen, dafs auf der Höhe ein berühmter Dienst des Zeus Hyetios seinen Sitz hatte und dafs sie als eine besondere Stätte seines

---

[1]) Paus. VII, 5. 10: τοῦ Πίονος ὄρους ἡ φύσις. Salm. Πρίωνος und ebenso hat Kramer bei Strabo 633 nach Casaubonus geschrieben: ἱπολεῖτο Λεπρὴ μὲν ἀκτή ὁ Πρίων ὁ ὑπερμικιμένος τῆς νῦν πόλεως. Aber die Handschriften haben Πργών und Strabo scheint dies Wort hier als Appellativum verstanden zu haben im Sinne eines vorspringenden Berges (vgl. πριών, προπριών, πρών, πρῶκτ). Ob der Name Prion 'Sägeberg', der in Sardes sehr passend war und auch in Kos (serrated ridge of mountains: Newton Halic. p. 695 jemals dem ephesischen Berge eigen war, ist durchaus zweifelhaft. Λόφοι πάντοθεν ἑξῆς εἰν πρῶνες (App. Illyr. 25) sind hier auch nicht nachzuweisen.

[2]) Mionnet Suppl. VI, n. 413 ΠΕΙΩΝ als Anspielung auf Antoninus Pius mit Eckhel zu nehmen wird jetzt wohl Niemand mehr einfallen. Das Richtige wies Hase nach bei Mionnet. (N. 145: ΠΕΙΟC nach Vaillant. Dieselbe Form auf pergamenischen Münzen bei Eckhel ist falsche Lesart statt Φίλιος).

Segens bekannt war. Wir wissen ja, wie genau die Alten auch nahe zusammenliegende Orte darnach unterschieden, ob es daselbst viel oder wenig regne und wie gewisse Höhen in dem Rufe standen, dafs auf ihnen am besten Abhilfe der Dürre erlangt werden könne. Reiche Vegetation bezeugen die auf den Münzen sichtbaren Cypressen, innere Feuchtigkeit die aus einzelnen Felsspalten ausströmende lauwarme, feuchte Luft. Eine solche Erdspalte, 3 Fufs lang und einen halben Fufs breit findet sich unweit des Theaters.

Koressos und Pion umfassen eine doppelte Niederung, die eine nördlich von dem Sattel, welcher die beiden Berge verbindet, die andere südlich. Jene öffnet sich weit zum Kaystros, diese ist von den Abhängen des Koressos und Pion wie ein Thalgrund umschlossen. Während also der Koressos Küsten- und Binnenland scheidet, trennt der Pion Flufs- und Berg- oder Vorder- und Hinterseite des Stadtlokals. Daher hiefs die vom Kaystros abgekehrte und abgelegene Südseite des Pion Opistholepria und das hier gelegene Gymnasium konnte das 'am Koressos' genannt werden, weil die Wurzeln desselben hier näher herantreten. Man nannte den südöstlichen Theil des Koressos mit besondern Namen Τραχεῖα[1]).

Die doppelte Stadtseite tritt auch bei dem Berichte von Thrasyllos Angriff (409 v. Chr.) recht deutlich hervor, der von demselben Küstenpunkte, wo hundert Jahre früher die ionischen Truppen gelandet waren, mit seinen Hopliten aufbrach, um die stadtbeherrschenden Höhen des Koressos zu besetzen, während Reiterei und leichtes Fufsvolk vom Kaystros aus gegen Ephesos vorgingen, um beide Stadthälften durch gleichzeitigen Angriff in Verwirrung zu setzen[2]). Man sieht, wie das, was an der See geschah, den Ephesiern jenseit der Berge war und ihrer Beobachtung sich entzog. Die Stadt würde einen völlig binnenländischen Charakter haben, wenn nicht ein mit dem Meere in Verbindung stehender

---

[1]) Hipponax bei Strabo 633: φασι δ' ἐπισθεν τῆς πόλεος ἐν Σμύρνῃ μεταξὺ Τρηχείης τε καὶ Λεπρῆς ἀκτῆς. Aristides Ἱερῶν λόγων II. a. E. ἐλευσάμην ἐν τῷ γυμνασίῳ τῷ πρὸς τῷ Κορησσῷ.

[2]) Diod. XIII, 64. Xen. Hell. 1, 2, 7.

Hafen künstlich hergestellt wäre, der sich einst noch tiefer, als auf dem Plane angegeben ist, zwischen Koressos und Pion in das Land hineinzog.

Östlich vom Pion dehnt sich eine vollkommen flache, marschartige Niederung aus, ebenso breit wie der Querschnitt des Pion, im Osten durch einen schroff ansteigenden Felsberg begränzt, welcher das verfallene Kastell von Ayassuluk auf seinem Gipfel trägt.

Dies ist die einzige, naturfeste Burghöhe, ringsum abschüssig und schwer zu erklimmen, oben geräumig; die natürliche Warte der Landschaft, wo man vom Durchbruche des Kaystros an die untere Flufsebene ganz überschaut; ein Punkt von centraler Bedeutung, vollkommen selbstständig und ohne Zusammenhang mit Koressos und Pion, welche ein in sich geschlossenes System bilden. Der alte Name des Schlossbergs läfst sich nicht bestimmen[1]).

Das sind in den Hauptzügen die gegebenen Naturverhältnisse, aber nicht die ursprünglichen.

Die Alten wufsten, dafs die Landanschwemmung, welche die Küsten von Ionien und Aeolis im Lauf der Zeit verändert hat, am Kaystros in besonders grofsartigem Mafse stattgefunden habe und dafs die ganze Niederung um Ephesos einst Seeboden gewesen sei. Es ist hier das Gleiche geschehen, wie an der Maiandrosmündung, nur mit dem Unterschiede, dafs diese in historischer Zeit, die Kaystrosmündung schon in vorhistorischer Zeit sich umgestaltet hat. Die Schlammanhäufung hat aber ununterbrochen fortgedauert, so dafs Alles, was in der Niederung vorhanden war, nur durch Ausgrabungen, die bis auf 20 Fufs hinabgegangen sind, an einzelnen Punkten an das Tageslicht gezogen werden konnte, während auf den nackten Felshöhen die Spuren des Alterthums sich unverändert erhalten haben.

Diese zwiefachen Überreste der alten Stadt vollständig aufzuzeichnen kann meine Absicht nicht sein, da zusammenhängende Aufgrabungen nicht stattgefunden haben. Auch kann man in der Detailkenntnifs des Ruinenfeldes nach einem kurzen Besuche natürlich nicht mit dem englischen

---

[1]) Wahrscheinlich beziehen sich darauf, wie auch Guhl Ephes. p. 5 annimmt, die Worte des Procopius de aedif. V, 1. p. 360: χῶρός τις πρὸ τῆς Ἐφεσίων πόλεως ἐν ὀρθίῳ κείμενος — οὐ γήλοφος, ἀλλὰ σκληρός τε καὶ τραχὺς ὅλως.

Architekten wetteifern wollen, welcher auf Veranstaltung des brittischen Museums und der society of dilettanti schon im dreizehnten Jahre diesen Boden mit einer ruhmwürdigen Unverdrossenheit durchsucht und allein die volle Übersicht alles dessen besitzt, was bei den Nachgrabungen allmählig zu Tage gefördert und zum grofsen Theile schon nach England geschafft worden ist. Ihm bleibt die Aufgabe einer Geschichte seiner Nachgrabungen und einer vollständigen Darstellung der ephesischen Alterthümer unverkürzt.

Seitdem aber alle früheren Funde durch die endlich gelungene Auffindung des Artemistempels verdunkelt worden sind, erschien es auch bei kurzem Aufenthalte als unabweisliche Pflicht, von dem Stadtboden der Ephesier, dessen Kenntnifs die empfindlichste Lücke hatte, eine sorgfältige Aufnahme herzustellen, und sie wird um so willkommener sein, da die Aufmerksamkeit der gebildeten Welt jetzt mehr als je dem Boden von Ephesos zugewendet ist. Die Ausgrabungen daselbst werden jetzt erst ihre volle Wichtigkeit erhalten, und deshalb erscheint, bis von anderer Seite ein umfassender Situationsplan sämmtlicher Ruinen veranstaltet wird, die Vorlage eines von allen falschen Hypothesen befreiten und wesentlich bereicherten Stadtplans als ein unabweisliches Bedürfnifs. Denn jetzt erst ist es möglich, sich auf dem Boden von Ephesos zu orientiren, einem Boden, welcher für alle Culturgeschichte eine unvergleichliche Bedeutung hat, weil attisches Staatswesen und asiatisches Priesterthum hier näher als an irgend einem andern Orte sich neben einander entwickelt haben. Daher giebt es für den Alterthumsforscher keine anziehendere Aufgabe, als den Versuch zu machen, auf Grund der neuesten Entdeckungen die ephesischen Ortsverhältnisse in klareren Zügen zur Anschauung zu bringen, und eine solche Betrachtung wird ihren Werth behalten, wenn auch noch so reiche Entdeckungen gemacht werden. Ich werde also die Stadtgeschichte von Ephesos, so weit es die Überlieferungen gestatten, bis in die Kaiserzeit verfolgen; eine statistische Beschreibung der bedeutendsten Überreste aber auf die angehängte Erläuterung des Plans beschränken.

Die Entdeckung der Tempelstätte ist schon für die Anfänge der ephesischen Geschichte wichtig, denn diese beginnt vom Heiligthum der Artemis, dessen Platz niemals verändert worden ist.

Man war überrascht, dasselbe so hoch hinauf im innersten Winkel der Ebene zu finden, weil damit die alte Überlieferung nicht zu stimmen schien, daſs die See vor Zeiten die Schwelle des Artemisiums bespült habe[1]). Indessen zieht sich der tiefe Marschboden, ein unverkennbares Halipedon, an der alten Stadt vorüber bis in die Nähe der Tempelruine und am Nordrande des Pion erkennt man in gerader Linie abgeschnittene Vorhöhen, welche durchaus den Eindruck machen, daſs hier deichartige Anlagen zu erkennen sind. Bedenken wir ferner, daſs die Säulenbasen des deinokratischen Tempelbaus, welcher doch schon auf einem wesentlich erhöhten Boden fuſste, c. 14 Fuſs unter der jetzigen Oberfläche gefunden worden sind und daſs unter dem Tempelboden ein geräumiges Souterrain befindlich war, so dürfen wir annehmen, daſs das Niveau des ursprünglichen Heiligthums bis 24 Fuſs unter der Erde zu suchen ist. Die Säulenkapitelle sind im Wasser liegend gefunden. Das giebt eine Vorstellung von der umfassenden Umgestaltung des Terrains, und die Überlieferung von der einstigen Meeresnähe wird nicht als leere Fabel zu verwerfen sein. Besonders merkwürdig ist aber, daſs man im Kampfe gegen die mächtig anwachsende Alluvion den Zusammenhang des Heiligthums mit der See alle Jahrhunderte hindurch festzuhalten gesucht hat, indem man durch künstliche Bassins und Kanäle Wasserwege herstellte, welche zum Heiligthum führten. Dies gehörte zum Tempeldienste; deshalb finden wir unter den ansehnlichsten Tempelämtern das Amt der ναυβαταύντες[2]) und als der unmittelbare Seeverkehr gehemmt wurde, legte man an der offenen Küste bei Panormos ein Artemision an, das wir nur als ein Filial des oberen ansehen können[3]).

Ich erinnere an die mannigfaltigen Züge in der Religion der Artemis, welche auf einen von der Seeseite eingeführten Cultus hinweisen,

---

[1]) Plin. II § 87 (mare) quondam adem Dianae alluebat.
[2]) C. Inscr. graec. n. 3956.
[3]) Str. 631: Λιμὴν Πάνορμος πολυσύμενος (der heilige Seehafen) ἔχων ἱερὸν τῆς Ἐφεσίας Ἀρτέμιδος.

an die Okeanide Hippo als älteste Priesterin[1]), an die am Strande aufgeführten Reigentänze[2]), an die der Göttin heiligen Seevögel (Eisvögel und Meeradler), vor Allem aber an die Bedeutung, welche das Heiligthum nachweislich für die Seefahrt hatte, an die Stationen der Ephesier am Pontus und im Nillande so wie an die Leitung, welche auch andere Städte von hier für ihre Colonisation empfingen, wie die Phokäer, die zur Gründung von Massilia die göttliche Legitimation in Ephesos suchten.

Die Kaystrosmündung war ja zweifellos eine der ältesten Anfahrten am kleinasiatischen Ufer, der früheste Kreuzpunkt des Land- und Seeverkehrs am Meer von Ionien, der bequemste Hafenort des cistaurischen Kleinasiens, die altgewohnte Eingangspforte des Morgenlandes[3]). Wie erklärte sich auch sonst der uralte Ruhm des Flussthals und die von den asischen Wiesen ausgehende Benennung des ganzen Continents!

Karer werden als die ältesten Bewohner des Uferlandes genannt; wir werden also die mit ihnen aller Orten verbundenen Phönizier auch hier wie im benachbarten Erythrai (wo tyrische Gottesdienste bezeugt sind) als die grundlegenden Ansiedler voraussetzen und werden ihnen die Stiftung eines Küstenheiligthums zuschreiben, dessen Platz, von der allgemeinen Gunst der Lage abgesehen, durch eine seltene Fülle von Quellen ausgezeichnet ist. Wir finden aber den Dienst der grossen Naturgöttin, deren Segen in Erdnässe und thaureichen Mondnächten sich bezeugt, an den ältesten Ankerplätzen der Phönizier, so namentlich an der kleinen Syrte, wo die Göttin von Sidon inmitten bewaffneter Tempelfrauen als die den Carthagern und Libyphöniziern gemeinsame Selene in alten Vertragsurkunden bezeugt ist[4]).

Das Syrtenheiligthum hatte eine Wüste hinter sich und hat sich deshalb, von aussen unberührt, in seltener Ursprünglichkeit erhalten. Anders war es im Kaystrosthale. Hier traten, wie das Seegestade selbst mehr und mehr Binnenland wurde, die binnenländischen Beziehungen immer mehr hervor und der asiatischen Gottesdienste uralte Verwandt-

---

[1]) Callimach. H. in Dian. v. 239.
[2]) In der Nachbarschaft der ἀλοκήγου Et. M. v. Δαστίς. Vgl. Guhl Ephes. p. 88.
[3]) Κοινή τις ὁδὸς ἅπασι τοῖς ἐπὶ τὰς ἀνατολὰς ὁδοιπορούσιν Artemidoros bei Strabo 663, ἐμπόριον μέγιστον τῶν κατὰ τὴν Ἀσίαν τὴν ἐντὸς τοῦ Ταύρου Str. 641.
[4]) Polyb. VII 9. Herod. IV 188. Movers Colon. d. Phön. S. 463. 468.

schaft wurde benutzt, um sich mit dem das ganze Hinterland erfüllenden Dienste der Muttergöttin in Verbindung zu setzen. Wann und wie diese wichtige Anknüpfung erfolgte, wird sich schwerlich bestimmen lassen. Aber das ist bekannt, dafs die ephesischen Priester, wie die Legenden von der Philoxenie des Schenkwirths Ephesos andeuten [1]), seit ältester Zeit die Lage ihres Orts zur Ausbildung eines grofsartigen Fremdenverkehrs planmäfsig ausbeuteten, und dafs die Priesterschaft selbst so wenig einen in sich abgeschlossenen Kreis bildete, dafs es vielmehr ausdrückliche Satzung war, die oberen Tempelämter mit Auswärtigen zu besetzen. Das hängt mit dem Eunuchendienste zusammen; die Entmannung war, wie im Kybelekultus, Bedingung des Priesterthums. Wir finden einen den Persern entlehnten Amtstitel bei dem Oberpriester 'Megabyzos' [2]), wir finden das ausgebildete System der Hierodulie, wie im zwiefachen Komana, und so geschah es, dafs Perser, Lyder und Kappadokier die Anwohner des Sipylos und Tmolos, des Hermos und Maiandros in Ephesos ihre Gottheit mit ihren einheimischen Religionsgebräuchen wiederfanden.

Auf dem Anschlusse des von Seefahrern gegründeten Küstenheiligthums an die continentalen Gottesdienste beruht die volkeinigende Macht des Tempelorts, dessen 'Styxquelle' [3]), wie bei anderen amphiktyonischen Plätzen, ein Eidwasser war, bei welchem unter den umwohnenden Stämmen zur Beilegung von Streitigkeiten Verträge beschworen wurden; darauf beruht die Ausbildung eines Priesterstaats, welcher in sich fest gegliedert, mit einem grofsen, streng geordneten Personal männlicher und weiblicher Dienerschaft ausgerüstet, nach festen Satzungen einen weitreichenden Einflufs ausübte.

Dieser Priesterstaat, als eine selbständige, die Umlande beherrschende Macht, ist die älteste Thatsache ephesicher Geschichte. Die Art des Herrschens ergiebt sich aus der Analogie anderer Priesterthümer Kleinasiens, wo die ἱερσύνη und die δυναστεία entweder unbedingt zusammenfallen (wie im Geschlechte der Teukriden zu Olbe) oder neben der

---

[1]) Et. M. v. Ἔφεσος: ἀπὸ Ἐφέσου ἐπίζη καπηλεύοντος καὶ φυλαξιπεύντες τοὺς παρόντας καὶ πάντα λέγοντες πρὸς Ἔφεσον στέλλεσθαι.

[2]) Str. 641: ἱερέας δ' εὐνούχους εἶχον εὓς ἐκάλουν Μεγαβύζους καὶ ἀλλαχόθεν μετιόντες ἀεί τινας ἀξίους τῆς τοιαύτης προστασίας.

[3]) Στύξ Ach. Tat. VIII 8.

weltlichen Dynastie eine geistliche bestand, wie in Komana. In Ephesos finden wir aber keine Erbfolge, sondern ein oligarchisches Wahlsystem, indem ein geschlossener Kreis stimmberechtigter Priester denjenigen beruft, welcher zu dem mit den höchsten Gerechtsamen bekleideten Oberpriesterthume der geeignetste Mann zu sein schien.

Für die Landesverwaltung ist die allen priesterlichen Staaten gemeinsame Form die der Gauverfassung (σύστημα συνεστηκός ἐκ κωμῶν). Das karische Nationalheiligthum des Zeus Chrysaoreus ist der bekannteste Mittelpunkt eines solchen Gauvereins, in welchem jede Kome eine Stimme hatte. Dies blieb die religiöse Verfassung der Landschaft, auch nachdem Stratonikeia in derselben gegründet war. Als Stadt niemals anerkannt, nahm es an dem Verbande nur insofern Antheil, als es Gaue desselben (τοῦ Χρυσαορικοῦ συστήματος) in sich schlofs und führte selbst neben seinem profanen Namen den heiligen der Chrysaoreer[1]). Ebenso war Ameria im Tempelbezirk der phrygischen Ma ein offener Flecken (κωμόπολις) von zahlreichen Hierodulen bewohnt; der Branchidentempel war von einer κώμης κατοικία umgeben. So kennen wir die Urgaue von Aphrodisias, Πλασαρεῖς, Ἀφροδισιεῖς, Ταυρόπολις, und dafs es auch im europäischen Griechenland an Analogien nicht fehlt, beweisen u. a. die um Artemis Triklaria gruppirten drei offenen Urorte von Patrai[2]).

So haben wir uns also auch das ephesische Gebiet als eine Gaugenossenschaft zu denken, wo die Umwohner des Heiligthums in offenen Ortschaften als Zinsbauern lebten, den überaus fruchtbaren, aber stetigen Fleifs fordernden Boden bewirthschafteten und unter priesterlicher Aufsicht die künstlichen Wasserbauten besorgten. Kanäle ($ῥεῖϑρα$ und $ῥινοῦχοι$) werden mehrfach erwähnt und ebenso Lagunenbrücken als der Göttin dargebrachte Weihgeschenke[3]). Die Masse der Bevölkerung müssen wir uns in stetiger Zunahme denken, und zwar theils durch den Zuzug, welchen das von allen Seiten aufgesuchte Asyl fortwährend veranlafste, theils durch aufserordentliche Veranstaltung der Priesterschaft, welche zu Zeiten

---

[1]) Str. 660.
[2]) Peloponnesos I, 436.
[3]) C. I. Gr. 2968: Ἀρτέμιδι Ἐφεσίᾳ -- τὴν γέφυραν ἐκ τῶν ἰδίων ἀνέθηκεν. Str. 640: τοὺς ῥινούχους ἐνέφραξε.

fremde Ansiedler in das Land zog, um die Bodenrente zu steigern und die Tempelmacht zu heben. Je gemischter die Bevölkerung war, um so weniger waren gemeinsame Auflehnungen zu besorgen, um so fester schien das geistliche Regiment begründet.

Die Zeiten der Ruhe waren zu Ende, als mit den Landungen der Ionier die Umgestaltung des ganzen Küstenlandes begann. Die Ankömmlinge, welche sich sonst friedlich mit den Einwohnern vertrugen oder leicht des Landes Herren wurden, stiefsen hier auf einen trotzigen Widerstand und energische Abwehr. 22 Jahre lang haben sie von der Nordspitze der Insel Samos vergebliche Versuche gemacht, am Kaystros Fufs zu fassen[1]). Denn an der ganzen Küste Ioniens war nur hier eine festgegründete, wehrhafte und thatkräftige Macht vorhanden, welche ihr Terrain vertheidigte.

Die Tempelstaaten bedurften zur Handhabung der Landesregierung einer äufsern Macht. Wir finden deshalb bei den kleinasiatischen Heiligthümern, an deren Analogie sich Ephesos anschlofs, namentlich in Komana, nicht nur ein festes Budget jährlicher Einkünfte, sondern auch einen Normalbestand stehender Truppen, welche der Regierung zur Verfügung standen; 6000 Männer und Frauen im pontischen und ebenso viel im kappadokischen Komana. 3000 Hierodulen zählte das Heiligthum des Zeus in Venasa und die geringere Zahl stimmt zu dem Rangverhältnisse, in welchem die Tempelorte zu einander standen[2]).

Religiöse Freistätten, wo Heimathlose, Verfolgte, Blutschuldige Aufnahme finden, haben in der alten Welt überall Anlafs zur Bildung bewaffneter Schaaren gegeben; Asyle sind die natürlichen Werbeplätze, und eine kluge Priesterschaft versäumte gewifs nicht, diese Mittel zur Sicherung ihrer Herrschaft auszubeuten. Die Verbindung der Amazonen mit dem Artemision wird aus dem Asyle abgeleitet, welches durch ihre Aufnahme für alle Zeit geweiht worden sei, wie dies noch vor Kaiser Tiberius die ephesischen Gesandten geltend machten[3]).

Waffentragende und kampfgeübte Tempeldienerinnen, welche das Geburtsfest ihrer Göttin in blutigen Waffengängen feiern, sind im Heilig-

---

[1]) Athenaios p. 361.
[2]) Str. 537.
[3]) Tac. Ann. III, 61.

thume der libyschen Mondgöttin auf das Sicherste bezeugt [1]). Auf den Zusammenhang dieses Cultus mit dem ephesischen ist oben hingewiesen worden. In beiden Culten spielte die Keuschheitsprobe eine grofse Rolle. Waffentänze der Tempelfrauen in Ephesos werden von Kallimachos ausdrücklich bezeugt [2]). Er unterscheidet den Tanz in voller Rüstung von den Kreistänzen; also haben wir uns jenen in Kampfordnung vor dem Tempel, diese ohne Waffen am Altar zu denken. Wie kann man eine so genaue Ueberlieferung, wie die des Kallimachos, mit dem Einwande beseitigen, dafs Waffentragen im Tempel verboten gewesen sei, oder mit dem allgemeinen Satze, dafs bei einer so friedfertigen Göttin Waffentänze nicht angebracht seien [3])?

Wenn eine Priesterschaft ohne weltliche Schutzmacht ihre Privilegien vertheidigen und eine ausgedehnte Landschaft sicher beherrschen will, so mufs sie dazu das nöthige Rüstzeug haben, einen dienstbereiten Heerbann, Waffen und feste Plätze.

Nachdem also die Lage des Tempels bei Ayasuluk nachgewiesen worden ist, zweifle ich nicht, dafs das Kastell oberhalb des Dorfs, die natürliche Warte der ganzen Landschaft, dem Priesterstaate als Burghöhe diente und die Ueberlieferung von den waffenschwingenden Kureten [4]) enthält eine Andeutung in Betreff der männlichen Gefolgschaften, welche der Göttin zu Gebote standen.

Wir wissen aus Achilleus Tatios, dafs das Alsos sich bis an eine Höhe ausdehnte, in welcher eine dem Pan geheiligte Grotte war, welche dieser der Artemis abgetreten haben sollte. Wir werden also den Schlofsberg, welcher den Hintergrund der Ebene bildet, als den ursprünglichen Sitz des Pancultus anzusehen haben [5]). An ihn und die Höhen des heutigen Dorfs zog sich der Tempelbezirk hinauf, die älteren Heiligthümer und ländlichen Ortsculte in sich aufnehmend, während er auf der andern Seite mit Flufs und Meer in Verbindung erhalten wurde.

---

[1]) Herod. IV, 180.
[2]) Dian. 241.
[3]) Guhl Ephesiaca p. 113. Klügmann 'Amazonen in kleinas. Städten' Philologus XXX S. 539.
[4]) Str. 640. Oben findet sich altes Baumaterial aller Art.
[5]) Erotici Gr. ed. Hercher I p. 195.

Die Kämpfe, welche die von Samos aus vordringenden Athener in Ephesos zu bestehen hatten, kennen wir nur in Sagenform.

Wie aus den Kämpfen der äolischen und achäischen Colonisten in Troas ein reicher Sagencyklus hervorgegangen ist, so hat sich auch aus den Kämpfen der Ionier Aehnliches entwickelt. Dort sind es Agamemnon und Achilleus, hier ist es Theseus, der die Eroberungen leitet[1]). Die gemeinsamen Amazonenkämpfe des Theseus und Herakles als der beiden Vorkämpfer griechischer Nationalität gegen Barbaren sind echte Colonistenmythen. Man wuſste von Theseus' Anwesenheit an der ionischen Küste[2]), man betrachtete die Amazonenkämpfe in Athen nur als Fortsetzung der in Kleinasien begonnenen[3]). In der That aber war es so, daſs die Heimath sich das, was die Gründer des neuen Athen am Kaystros erlebten, als etwas Selbsterlebtes aneignete. So wurde der Amazonenkampf am Kaystros attische Sage, Athen selbst der Schauplatz jener Kämpfe und die asiatische Ueberlieferung trat zurück.

Nachdem die Colonisten eine Zeit lang auf Besetzung einzelner Küstenpunkte beschränkt geblieben waren, gelang es endlich einen festen Platz im Innern zu gewinnen, wo sie sich verschanzen und als Centrum ihrer Ansiedelung ein Athenaheiligthum anlegen konnten. Der Platz hing mit dem Koressos zusammen und kann kein anderer gewesen sein, als der Hügel mit dem 'Paulsgefängniſs', welcher zu einer kleinen Burghöhe recht geeignet ist[4]).

In der Mitte zwischen ihr und dem Koressos führt der gerade Weg von Scala Nuova herauf und auf seiner obern Fläche zeigen sich noch Fundamente einer viereckigen lagerähnlichen Einfassung, ein Ueber-

---

[1]) Paus. I, 2, 1.
[2]) Aristides p. 372, 440. Klügmann a. a. O. S. 532.
[3]) Plut. Thes. 26.
[4]) Die Legende von der attischen Ansiedelung, wie sie aus Kreophylos bei Athen. 362 C erhalten ist, läſst sich topographisch nicht leicht erklären. Nach meiner Meinung ist es ein Athenaion an der Küste, wo den Fischern das Wahrzeichen zu Theil wird in der Nähe des heiligen Hafens, den ich für identisch mit Panormos halte. Von dort folgen sie dem durch den Brand des Gestrüpps aufgescheuchten Eber landeinwärts nach den Abhängen des Koressos, wo er fällt. Hier gründen sie nun ein zweites Athenaion, während sie unten am Hafen ein Pythion gründen zu Ehren der Gottheit, welche ihnen auf ihr Gebet das Wahrzeichen gesendet hatte.

rest der ersten Verschanzung, die urbs quadrata, von der eine neue Entwicklung begann. Jetzt war der Landschaft ein zweiter Mittelpunkt gegeben; jetzt bestand eine Unterstadt neben der Oberstadt, ein Athenaion neben dem Artemision, eine Colonie von Athenern neben dem Priesterstaate und das wechselnde Verhältnifs zwischen diesen beiden Punkten bildet fortan den Inhalt der Geschichte von Ephesos.

Aufser der Ebenung der Hügelterrasse können wir als Ueberreste der ältesten Athenerstadt noch die Felsarbeiten ansehen, welche am Abhange des Koressos liegen, wenn man von der Hafenniederung zum 'Paulsgefängnifs' hinaufgeht. Es ist eine Anlage von sehr alterthümlichem Charakter, eine Terrasse im Felsen ausgehauen, nach Osten gerichtet, mit Votivnischen umgeben. Dies scheint ein heiliger Platz der ältesten Ansiedler zu sein, deren Hügel auch durch zwei Quellen, welche am Rande oberhalb des Hafens entspringen, zu einer städtischen Niederlassung auffordern mufste.

Nach den Zeiten blutiger Fehde wurden die nachbarlichen Verhältnisse unter gegenseitigen Zugeständnissen geordnet. Pausanias[1]) sagt, Leleger und Lyder seien aus der Oberstadt durch Androklos vertrieben worden, und es ist nicht unmöglich, dafs schon unter den Herakliden die lydische Reichsmacht bis hierher vorgedrungen war. Gewifs ist, dafs die Colonisten der einheimischen Göttin huldigten. Sie bauten ihr ein Heiligthum auf dem Markte der Neustadt und erkannten sie dadurch als Schutzgöttin an; sie nannten sich nach ihr Ephesier, und der Cult ihrer einheimischen Göttin trat soweit zurück, dafs sie hier nicht wie in den anderen ionischen Städten die Geschlechtergöttin geblieben ist, welcher die Apaturienfeier galt.

Die Erinnerung an die Zeit der Fehden ward absichtlich ausgelöscht und die so hartnäckig abgewehrten Fremdlinge erscheinen nun als die von der Göttin gerufenen und von ihr geleiteten; sie gilt als Hegemone und es wird ausdrücklich gemeldet, dafs zwischen den Ioniern und Altephesiern Verträge beschworen seien[2]).

Über die Urgeschichte des ionischen Ephesos liegen mehr Nach-

---
[1]) Paus. VII, 2, 8.
[2]) Σὺ γὰρ ποιήσατο Νηλεὺς ἡγεμόνα Callim. Dian. 226; Paus. a. a. O.: τοῖς περὶ τὸ ἱερὸν οἰκοῦσι δεῖμα ἦν οὐδὲν, ἀλλὰ Ἴωσιν ὅρκους δόντες καὶ ἀνὰ μέρος παρ' αὐτῶν λαβόντες ἐκτὸς ἦσαν πολέμου.

richten vor, als über irgend eine der andern Städte Ioniens. Wir kennen die Herkunft der Colonisten aus dem attischen Gau Euonymoi, die Dauer der Kämpfe, die einzelnen Örtlichkeiten des ephesischen Gebiets; wir hören von den Verträgen und den weiteren Begebenheiten vor und nach Androklos' Tode. Wir müssen also voraussetzen, dafs die Überlieferungen von den Priestern gesammelt worden sind und dafs aus ihren Aufzeichnungen Kreophylos[1]) seine ὥρει Ἐφεσίαν zusammengestellt hat, welchen Athenaios als Quelle der Gründungsgeschichte von Ephesos anführt und auf den wahrscheinlich auch die anderen Nachrichten über die Urgeschichte von Ephesos bei Ephoros, Strabo und Pausanias zurückgehen[2]).

Wir werden uns demnach die neue Ordnung der Dinge als die eines Doppelstaats zu denken haben, die Bürgergemeinde unter den Kodriden auf dem Athenahügel und das Tempelinstitut gegenüber, durch politische Verträge und religiöse Feier mit einander verbunden.

Mit diesem Verfassungszustande scheint ein Denkmal in Zusammenhang zu stehen, welches sich genau in der Mitte zwischen Athenaion und Artemision befindet; es ist eine runde, aus dem Felsen gehauene, tennenartige Terrasse, deren Umkreis wie die Abbildung (T. II.) zeigt, von Nischen und Stufen umgeben ist. Sie erhebt sich auf einer gröfseren, unregelmäfsigen Terrasse, von welcher ein im Felsen gearbeiteter Weg gerade zum Ufer gegen Westen hinunter und auf das Athenaion zuführt. An beiden Seiten des Wegs sind die Felsen zur Aufstellung von Weihgeschenken eingerichtet. Das Ganze (nach einer oberflächlichen Ähnlichkeit mit einer pompeianischen Anlage neuerdings Serapeion genannt[3]) trägt unverkennbar den Charakter uralter Einfachheit und religiöser Feierlichkeit. Man kann nicht zweifeln, dafs hier eine altheilige Versammlungsstätte zu erkennen ist und die Lage des Ortes spricht dafür, dafs dies die Stätte war, wo die von Pausanias erwähnten Bundeseide geschworen und wo die gemeinsamen Angelegenheiten erledigt wurden. Dazu pafst auch die Nähe der öffentlichen Festlokale, des Stadiums und des Theaters.

Nach aufsen entwickelte der junge Doppelstaat eine merkwürdige

---

[1]) Fragm. Hist. Gr. IV, 371.
[2]) Athenaios 361.
[3]) Falkener Ephesos p. 106.

Thatkraft. Er dehnte sich über Samos und die umliegenden Inseln aus, er unterstützte Priene gegen Karer und Leleger, er schickte Ansiedler nach Smyrna. Die amphiktyonische Geltung, welche das Heiligthum schon vorher besessen hatte, wurde benutzt, um in Concurrenz mit Milet eine über die ionische Küste reichende Machtstellung zu gewinnen[1]).

Das Königthum hatte sich mit der Priesterschaft zu verständigen gewufst. Der Sturz desselben war der Anfang heftiger Kämpfe und durchgreifender Umgestaltungen.

Die antidynastische Partei (οἱ κατὰ τῶν Ἀνδρόκλου παίδων στασιώσαντες) folgte der Praxis, welche das herkömmliche Verfahren aller demokratischen Factionen war; sie veranlafste neuen Zuzug, Mischung der Bevölkerung, Vermehrung der Bürgerstämme[2]).

Bis dahin gab es, wie wir aus einer unschätzbaren Mittheilung des Ephoros wissen, eine dreifache Gliederung, Ἐφέσιοι, Βεννάιοι, Εὐωνυμεῖς[3]), und diese Dreiheit dürfen wir uns ebenso organisirt denken, wie die drei Urorte der Paträer (Aroe, Mesatis, Antheia) unter dem Vorstande der Artemis Triklaria (S. 9), oder wie die Urorte von Boiai in Lakonien[4]) (Side, Etis, Aphrodisias), wo wir ein Aphrodision als religiösen und politischen Mittelpunkt anzunehmen berechtigt sind. Für die der priesterlichen Herrschaft entsprechende Verfassung ist es charakteristisch, dafs die aus Athen Eingewanderten nicht als Athener, sondern mit ihrem heimathlichen Gaunamen (als Euonymeer) in Ephesos angesiedelt worden sind.

Jetzt tritt eine straffere Gemeindeverfassung ein. Das städtische Wesen entwickelt sich, die Komen werden zu Phylen; zu den alten Einwohnern werden neue Ansiedler aus Teos und aus Karene in das Land gezogen, und wenn unter den Bürgerstämmen, deren Zahl durch diesen republikanischen Synoikismos von drei auf fünf stieg, die 'Ephesier' mitzählten, so mufs wenigstens ein Theil der früheren Tempelzugehörigen, welche diesen Namen als Eigennamen führten, in das städtische Gebiet

---

[1]) Vgl. Guhl Eph. p. 30.
[2]) Arist. Pol. p. 185. St. Byz. Βέννα.
[3]) Eph. bei Steph. Byz. a. a. O.
[4]) Peloponnesos II, 296.

hereingezogen worden sein[1]). Die rasch anwachsende Stadt schob sich von ihrem Ausgangspunkte, dem Athenaion, gegen Osten vor, dem Heiligthume entgegen, welches seine besondere Verfassung behielt; sie griff vom Koressos auf den Pion über.

Die Terrassen, Wege, Gräber auf diesem Berge gehören einer alten Zeit an. Man verfolgt die Grundlagen der Ringmauer, die den Kamm des Pion entlang gehen und den Nordfufs des Berges umfassen. Das ist die Stadtgränze von Ephesos aus der Zeit nach dem Synoikismos, wie wir dies mit Sicherheit daraus entnehmen, dafs zu Kroisos' Zeit die Stadtmauer sieben Stadien vom Tempel entfernt war. Diese viel besprochenen sieben Stadien, mit denen man nach allen Seiten, nur nicht nach der richtigen, den Tempel zu fixiren gesucht hat, fallen, von der aufgefundenen Tempelstätte aus, genau auf die Kammhöhe des Pion und die erwähnte Mauerlinie.

Als der Lyderkönig gegen Ephesos vorging, fand er die Priester fügsam, während der städtische Machthaber Pindaros entschlossen war, seine Unabhängigkeit aufs Äufserste zu vertheidigen. Aber die Kräfte reichten nicht aus und ihm blieb am Ende nichts übrig, als durch Vermittelung der Priesterschaft auf Kosten der politischen Autonomie die Freiheit der Bürger zu retten. Die Verzichtleistung erfolgte in der Form, dafs er durch das hinübergespannte Seil die Stadt als ein der Göttin Übergebenes bezeichnete, so dafs nun die Priester, als die natürlichen Vermittler zwischen Hellenen und Barbaron, für die Stadt eintraten und einen möglichst günstigen Staatsvertrag zu Stande brachten[2]).

Es war ein Triumph priesterlicher Politik. Der Tempel hatte Lydien als Schutzmacht hinter sich und den reichsten aller Könige zum freigebigen Wohlthäter; die Verkehrswege waren nach allen Seiten geöffnet und in der eigenen Landschaft jeder Widerstand beseitigt. Denn die Städter wurden in übereinstimmendem Interesse des Tempels und des lydischen Hofs gezwungen den Pion zu räumen, welcher wie eine Trutzburg dem

---

[1]) Eph. bei Steph. a. a. O.: ἐν Τίῳ καὶ Καρίνης ἀποίκους ἔλαβον. Καρίν, in Inschriften bei Carl Curtius 'Inschriften aus Ephesos' Hermes IV. p. 221.

[2]) Herod. I, 26; Ael. V. H. III, 26. Polyaen. VI, 50 (Πίνδαρος — συνεβούλευσε — ἐκ τῶν πυλῶν καὶ τῶν τειχῶν Θυάγγης συνάψαι τοῖς κίοσι τοῦ ἱεροῦ τῆς Ἀρτέμιδος, ὅπως ἀναπτύξαντας τῇ Σιῷ τὴν πόλιν.

Artemision gegenüber lag, und sich in der Niederung des Tempels als Periöken der Artemis neue Wohnsitze anweisen zu lassen¹).

Städtisches Wesen und Tempelmacht stehen überall im Gegensatze zu einander. In solchen Plätzen, die es nie zu einer städtischen Entwickelung gebracht haben, wie Thermon in Aetolien, lagen die Wohnungen um das Heiligthum des Apollo Thermios herum²). Dafs hier die Tempel nicht blofs örtliche, sondern auch politische Mittelpunkte waren und dafs mit der Wohnungsveränderung der Ephesier zugleich eine durchgreifende Verfassungsänderung eingetreten sein mufs, ist unzweifelhaft.

Die Verlegung war eine Auflösung der Stadt in οἰκίαι und τόποι, wie es von Thermon heifst; eine Rückkehr zur Gauverfassung, eine Verwandlung der Phylen in Komen, ein Dioikismos im Gegensatze zu dem republikanischen Synoikismos, welcher die Priesterherrschaft eingeengt hatte, und sehen wir uns im Nachbarlande nach Vorgängen um, welche die Katastrophe von Ephesos erklären helfen, so liegt das Schicksal der Smyrnäer am nächsten.

Smyrna hat wie Ephesos im lydischen Kriege seine Selbständigkeit eingebüfst. In Komen aufgelöst, haben die Einwohner 300 Jahre lang³), an allen Welthändeln unbetheiligt, von allen politischen Krisen völlig unberührt, dahingelebt; ein Zustand, welcher noch in neuster Zeit unrichtig beurtheilt worden ist, indem man entweder von einem 300jährigen Wüsteliegen gesprochen hat oder die ganze Thatsache der Auflösung in Zweifel gezogen hat, weil Skylax die Stadt anführe und Pindar sie erwähne⁴).

Smyrna hat als Komenverein unter altem Namen fortbestanden mit einer landschaftlichen Verfassung und Regierung, und da Hierarchie mit Komenverfassung, wie wir gesehen haben, innerlich zusammenhängt, so werden wir auch bei den Smyrnäern ein priesterliches Regiment vor-

---

¹) Str. 640 μέχρι μὲν τῶν κατὰ Κροῖσον οὕτως ᾤκεῖτο, ὕστερον δ' ἀπὸ τῆς παρωρείου καταβάντες περὶ τὸ νῦν ἱερὸν ᾤκησαν μέχρι Ἀλεξάνδρου. Strabo unterscheidet nur eine zwiefache Stadtlage und bezeichnet die ältere, die Berglage, so, dafs er den Pion mit zu der περὶ τὸν Κορησσὸν παρώρεια rechnet.

²) αἱ περὶ τὸ ἱερὸν οἰκίαι Polyb. V, 8; XI, 7. Brandstätter Aetol. S. 133. E. Kuhn Komenverf. Rh. Mus. XV, S. 13.

³) Str. 646: περὶ τετρακόσια ἔτη διεμειναν κωμηδόν (τριακόσια Lane Smyrn. Res gestae p. 21).

⁴) Brandis Münzwesen S. 330. Grote III 252. Pind. fr. 115. Vgl. Mylonas Smyrn. res. gest. Gott. 1866 28f.

Abh. der philos.-histor. Kl. 1872. Nr. 1.   3

auszusetzen haben, welches dort vom Heiligthum der grofsen Göttin des Sipylos ausgegangen sein wird. Damit stimmt, dafs der Ort ein berühmter Sitz der Mantik war und dafs der Neubau Smyrna's unter Autorität der Nemesis erfolgte[1]). Das ist unter anderm Namen dieselbe Göttin, welche nach meiner Ansicht Smyrna so lange unter ihrer Obhut gehabt hat und nun zu der neuen Entwickelungsphase ihre Sanktion giebt. Für die priesterliche Behörde der smyrnäischen Komen hat denn auch Bupalos die Mutter der Nemesis, die Nacht, gebildet[2]), so dafs man in keiner Weise gezwungen ist, nach der Zeit der smyrnäischen Katastrophe über die Zeit des Bupalos zu urtheilen.

Sind aber die Schicksale der beiden Städte gleichartig und gleichzeitig, so ist auch ein innerer Zusammenhang vorauszusetzen und dieser ist nicht weit zu suchen. Im Interesse lydischer Machtentwickelung hat man an den beiden wichtigsten Emporien keine mächtigen Griechenstädte dulden wollen, sondern die örtlichen Heiligthümer benutzt, um durch sie Regierungen herzustellen, welche der continentalen Grofsmacht einen stetigen Einflufs verbürgten.

War nun das Umland des Tempels ($\chi\acute{\omega}\rho\alpha$ $\tau\tilde{\omega}$ $i\epsilon\rho\tilde{\omega}$ $\pi\rho\sigma\tau\kappa\epsilon\iota\mu\acute{\epsilon}\nu\eta$) auch dem Tempel zinsbar, so ist darum nicht an einen rechtlosen und unfreien Zustand der Bewohner zu denken. Man unterschied eine zwiefache Art von Tempelzugehörigkeit in Kleinasien; so war der Oberpriester von Komana in Betreff der Hierodulen unbedingter $\kappa\acute{\nu}\rho\iota\sigma\varsigma$ $\pi\lambda\grave{\eta}\nu$ $\tau\sigma\tilde{\nu}$ $\pi\iota\pi\rho\acute{\alpha}\sigma\kappa\epsilon\iota\nu$, die Andern regierte er als $\dot{\eta}\gamma\epsilon\mu\acute{\omega}\nu$; eine Unterscheidung, welche bei Gelegenheit der pompejanischen Anordnungen erwähnt wird, aber gewifs nicht eine von Pompejus ersonnene Einrichtung war[3]).

Nach Strabons unzweideutigem Zeugnisse sind die Ephesier nach ihrer gezwungenen Ansiedelung in der Niederung bis auf Alexanders Zeit nicht in ihre feste Lage zurückgekehrt: die Stadt kommt auch in den folgenden Jahrhunderten nie als ein Platz von sonderlicher Festigkeit vor; wenn aber Mauer und Burg erwähnt werden (z. B. Diod. XX, 111)

---

[1]) Pausan. IX, 11, 7. Pinder Berl. Münzsammlung N. 342. Leake Num. Hell. Asia p. 121.
[2]) Paus. IV, 30.
[3]) Str. 558.

so steht nichts im Wege dabei an die Burghöhe von Ayassuluk zu denken, welche, wenn sie, wie oben vermuthet worden ist, die alte Priesterburg war, jetzt um so mehr das Centrum der ganzen Landschaft werden mufste. Wenn die Analogie mit Smyrna geeignet ist, die Vorgänge in Ephesos zu erklären, so darf andererseits die Verschiedenheit in der Entwickelung beider Städte nicht verkannt werden.

In Ephesos ist das städtische Gemeinwesen niemals so unterlegen, wie in Smyrna. In Ephesos hatte attischer Geist sich eine Stätte gegründet, welche er nicht preisgeben wollte, und darauf beruht das eigenthümliche Interesse ephesischer Geschichte, so weit wir sie aus zerstreuten Nachrichten in ihren Hauptmomenten erkennen können, dafs die grofsen Gegensätze der antiken Welt, hellenisches Staatsleben und asiatische Hierarchie, hier auf engem Boden neben einander Jahrhunderte lang bestanden und mit einander gerungen haben.

Kaum hatte die Tempelpolitik in Verbindung mit dem lydischen Hofe ihren entscheidenden Erfolg gewonnen, als die Überreste attischer Bevölkerung, welche in ihrer Abhängigkeit vom Tempel, in der ansteckenden Nachbarschaft asiatischer Üppigkeit und lydischer Eunuchenwirthschaft unterzugeben Gefahr lief, sich durch neuen Anschlufs an die Vaterstadt zu retten suchte, und die zeitigen Gewalthaber müssen diesem Bestreben nicht entgegengetreten sein. Wenn sie ihre Aufgabe darin erkannten, die griechische und asiatische Welt mit einander zu verbinden, konnten sie in ihrem eigenen Interesse nicht wünschen, dafs die hellenischen Ephesier ihrem Mutterlande entfremdeten. Wie also die Gottesdienste von Ephesos einerseits im Binnenlande engen Anschlufs suchten, andererseits aber durch Leto, Apollo, Athena mit Delos und Athen nahe Verbindung hatten, so war auch in politischen Einrichtungen jede Anknüpfung an Hellas willkommen.

Hierher gehört die merkwürdige, nur bei Suidas in einer abgerissenen und entstellten Überlieferung erhaltene Nachricht, dafs noch vor der Herrschaft der Perser ein Athener berufen worden sei, um das bürgerliche Gemeinwesen seiner Landsleute, der alten Euonymeer, in Ephesos zu ändern. Fünf Jahre lang habe er, mit königlichen Vollmachten bekleidet, sein Amt versehen und sich durch vorzügliche Verwaltung desselben den Ehrennamen Aristarchos verdient. Beim Anfange der persischen Monarchie sei er nach Athen zurückgerufen worden[1]).

Attischer Geist wurde wieder lebendig, und wir finden auch zur Zeit der ionischen Volkserhebung in Ephesos eine national gesinnte Patriotenpartei. Dennoch tritt der Antagonismus zwischen Stadt und Tempel in alter Stärke nicht wieder hervor, und wir sehen, dafs die durch alte Rivalität mit Milet verschärfte Priesterpolitik die mafsgebende bleibt. Ephesos zieht sich bald vom Kriege zurück und nimmt im Ganzen eine so antinationale Haltung an, dafs man in Versuchung kommt, auch die Niedermetzelung der tapferen Chier auf ephesischem Gebiete nicht für die Folge eines Mifsverständnisses oder eines unglücklichen Zufalles zu halten[2]).

Milets Untergang war ein Triumph für Ephesos. Es wurde die erste Stadt Ioniens, und nachdem die alte persische Politik mit ihrer unerbittlichen Strenge gegen jede Art von Götzendienerei unter dem jüngeren Zweige der Achämeniden einer klugen Toleranz Platz gemacht hatte, lernte man die alten Gottesdienste Kleinasiens im persischen Reichsinteresse zu benutzen. Das pontische Zela wurde ein Heiligthum persischer Reichsgötter[3]), die kappadokische Göttin wurde eine 'persische Artemis'[4]), und so gelang es auch in Ephesos den Artemispriestern, der neuen Herrschermacht im Orient gegenüber eine ebenso günstige Stellung zu gewinnen, wie sie bei den Lydern gehabt hatten. Ihr Artemision war das einzige Heiligthum in Ionien, welches Xerxes verschonte; er schenkte ihrer Stadt das besondere Vertrauen, dafs er seine Kinder dort unterbrachte[5]); sie hatte ihrer vorzüglichen Sicherheit wegen als Wechselplatz und Geldmarkt für das Binnenland aufserordentliche Vortheile. Auch

---

[1]) Suidas v. Ἀρίσταρχος. Οὗτος τὴν ἐν Ἐ. μόναρχον εἶχεν ἐξουσίαν ἐκ τῶν Ἀθηνῶν ἡμῶν κλητίς· ἐκάλουν δὲ ἄρα αὐτὸν (ich lese ἐκάλουν δὲ Ἀρίσταρχον) οἱ προσήκοντες, ὅτι ἐμμελῶς τε καὶ σὺν ἐπιδημονίᾳ ἦρξεν ἐτέων ε'. Τεκμήριον δὲ ἐκ τῶν Ἀθηνῶν (vielleicht: ἐξ Ἐφέσου ὑπὸ τῶν Ἀθηναίων), ὅτι Ἅρπαγος Κύρου τὸν Καμβύσου παῖδα εἰς τὴν σὺν Πέρσαις ἀπόστασιν ἐπάρας ἔτυχεν.

[2]) Herod. VI, 16.
[3]) Strabo 559.
[4]) Ἄρτεμις Περσική. Diod. V, 77. Arch. Zeitung 1854 S. 177. Anschlufs an Persien bezeugt auch der Priestername Megabyzos. Bernays Heraklitische Briefe S. 106.
[5]) Her. VIII, 103.

die Münzen der Stadt sind charakteristisch für ihre internationale Stellung. Neben den Vierteln des phönikisch-kleinasiatischen Goldstaters, mit welchen die ephesische Prägung beginnt, kommen persische Siglen und persische Drachmen vor. Auch Gold wird nach dem Dareikenfufse geprägt und das spröde Verhalten gegen alle von Athen ausgehenden Neuerungen zeigt sich auch darin, dafs Ephesos bis in das vierte Jahrhundert der einseitigen Münzprägung treu blieb[1]).

Das Programm der Tempelpolitik war kein anderes, als den Küstenplätzen eine möglichst freie Stellung innerhalb des grofskönigliehen Reichsverbandes zu sichern und die liberaleren Grundsätze persischer Reichspolitik, wie wir sie in Mardonios vertreten sehen, waren damit vollkommen im Einklang[2]). Um so mehr mufste die Losreifsung des kleinasiatischen Küstenlandes und die Stellung desselben unter attischen Schutz den Ephesiern ein Greuel sein.

Widerwillig fügten sie sich dem Zwange der attischen Flottenmacht; sie wufsten, wie es scheint, auch innerhalb des Seebundes eine günstige Stellung zu gewinnen, indem die reiche Stadt einen überraschend niedrigen Tribut (zeitweise weniger als Erythrai) zahlte; dabei wurden die Beziehungen zu Persien nicht aufgegeben und schon vor der sicilischen Katastrophe finden wir Ephesos auf persischer Seite[3]). Persien ist die Schutzmacht geblieben und beim Herannahen eines hellenischen Landungsheers ruft Tissaphernes die Reichstruppen auf 'nach Ephesos der Artemis zu Hülfe'[4]).

Wenn uns also auch nicht möglich ist, die staatsrechtlichen Verhältnisse zwischen Stadt und Heiligthum in dieser Zeit genau zu ermitteln, so stehen doch alle überlieferten Züge ephesischer Geschichte seit den Tagen des Kroisos in einem unverkennbaren Zusammenhange und deuten auf eine feste Tradition, welche nur vom Heiligthum ausgegangen sein kann und auf einen leitenden Einflufs desselben hinweisen.

---

[1]) Brandis Münzwesen in Vorderasien. S. 109, 145, 245, 598.
[2]) Griech. Gesch. II², 726. Auf persönliche Beziehungen des Mardonios zu Ephesos deutet die Nachricht von Dionysophanes Her. IX, 84.
[3]) Gubl Eph. p. 43. Marquardt Cyzicus S. 59. Ueber die Tribute vgl. Lamprecht de rebus Erythr. p. 70.
[4]) Xen. Hellen. I, 2. 6.

Athen hatte, so lange es seemächtig war, immer noch ein Gegengewicht gehalten. Von Athen gelöst, kam die griechische Gemeinde durch das unaufhaltsame Zuströmen der continentalen Elemente gänzlich in Verfall und der Überrest nationaler Gesittung drohte vom Barbarenthume vollständig überwuchert zu werden [1]).

Der Tendenz des Heiligthums, Griechen und Nichtgriechen unter seinem Einflusse zu vereinigen, konnte also keine günstigere Gelegenheit sich darbieten, als die Annäherung zwischen Hellas und Persien in den Personen des Lysandros und Kyros. Lysandros' Standbild, im Tempel aufgestellt [2]), zeigt, wie sehr dieser Mann nach dem Herzen der Priester war, deren Einfluſs nun unbestritten über ganz Ionien und jenseits des Meeres reichte. Versammlungen in Ephesos bestimmten die Entschliefsungen Sparta's. Der Tempel stand auf der Höhe seines amphiktyonischen Einflufses und der Antalkidasfrieden war ein Triumph seiner von Anfang an vertretenen Politik.

Die Lysandrische Zeit war aber auch die Zeit des neu geschärften Parteigeistes. Auch in Ephesos traten Demokraten und Oligarchen sich gegenüber. Die Demokraten richteten, da Athen nicht mehr helfen konnte, auf Philipp von Makedonien ihr Augenmerk und dies giebt den ersten Anstofs zu der makedonischen Politik in Kleinasien. Die attische Partei in Ephesos veranlaſst die Züge des Attalos und Parmenion [3]). Philipps Standbilder werden von den mit dem Tempel verbundenen Oligarchen niedergerissen und die Propheten der Göttin deuteten den Tempelbrand als ein Himmelszeichen, durch welches der Sohn Philipps als das herannahende Verderben Asiens gekennzeichnet wird. Seine Anerbietungen in Betreff der Wiederherstellung des Tempels wurden deshalb auch abgelehnt, und zwar von der einen Partei in schroffer Kürze, indem sie die von Alexander beabsichtigte Weihung als eine Hierosylie bezeichnete, während

---

[1]) Ἐκβηρβαροῦσθαι τοῖς εἰρημένοις ἤθεσι Plut. Lys. 3. Für barbarische Schlemmerei charakteristisch ist die Erzählung von dem Gnadengeschenk der Demeter an einen Ephesier, dafs er so viel essen könne, als er wolle, ohne irgend eine Beschwer. Ant. Lib. 9.
[2]) Paus. VI, 3, 15.
[3]) Diod. XVI, 91.

die andere ihrer Ablehnung die höfische Form zu geben wufste, dafs es sich nicht zieme, wenn ein Gott dem andern Tempel weihe[1]).

Alexander hatte nirgends ein so deutlich vorgezeichnetes und so würdiges Ziel, wie an der Küste Kleinasiens. Hier war er berufen, die kimonische Politik, welche mit Schiffen und Landungstruppen niemals durchgeführt werden konnte, endlich zu verwirklichen, die griechischen Volkselemente zu retten und die Küstenstädte von dem Drucke solcher Mächte zu befreien, deren hergebrachte Politik es war, die Selbständigkeit des städtischen Gemeinwesens zu verkümmern.

Leider sind wir über das, was Alexander in dieser Beziehung that, und wie weit das, was seine Nachfolger thaten, mit seinen Absichten zusammenhing, zu wenig unterrichtet; aber es ist doch unverkennbar derselbe politische Gedanke, dem zu Folge die beiden Städte, Smyrna und Ephesos, die gleichzeitig der asiatischen Politik zum Opfer gefallen waren, nach Alexander gleichzeitig als hellenische Städte wieder hergestellt wurden.

Alexander konnte nicht daran denken, ein Heiligthum von solchem Ansehn wie das Ephesische, trotz der spröden und feindseligen Haltung der Priesterschaft, zu kränken. Er erwies ihm volle Ehrerbietung; er erweiterte sogar die Ausdehnung des Tempelbezirks auf ein Stadium und liefs die Abgaben, welche bis dahin an den Grofskönig eingezahlt wurden, in den Tempel zahlen[2]). Wir dürfen aber mit Sicherheit voraussetzen, dafs die nationale Partei in ihren gerechten Erwartungen damals nicht getäuscht worden ist, dafs also die neue Gränzmauer dazu diente, die unklaren Verhältnisse zwischen weltlicher und priesterlicher Machtsphäre ins Klare zu bringen und dafs die Gelder im Tempel als Depositum zu betrachten sind, an dessen Verwaltung die städtischen Behörden betheiligt waren. Ging doch auch die beabsichtigte Tempelwidmung ohne Zweifel darauf aus, der weltlichen Macht einen berechtigten Antheil an der Leitung eines so mächtigen und wichtigen Instituts zu verschaffen.

Wenn wir Alexanders Mafsregeln so auffassen, dann erscheint auch, was Lysimachos that, als die nothwendige Vollendung. Denn eine volle

---

[1]) Str. 641. Vergl. die Widmungsurkunde aus Priene im C. I. Gr. n. 2904.
[2]) Arrian. I, 17.

Autonomie der Bürgerschaft konnte nur dadurch erreicht werden, daß die Stadt wieder wie vor Kroisos Zeiten, von Mauern umgeben, auf eigener Höhe dem Tempel gegenüber aufgebaut wurde. Der Name Arsinoe (der nur kurze Zeit in Geltung blieb) sollte die neue Aera und die Befreiung der Stadt von den hierarchischen Einflüssen bezeichnen.

Solche Umwälzung ging nicht ohne Widerstand durch; die Priesterschaft arbeitete mit aller Macht dagegen und die Bequemlichkeit der den Tempel umwohnenden Menge kam ihr zu Hülfe. Lysimachos wartete die Regenzeit ab und veranlaſste, wie Strabo meldet, durch Sperrung der Abzüge eine Überschwemmung des Tieflandes, so daſs die Umsiedelung wie eine Rettung erscheinen muſste.

Der Pion mit seiner Umgebung wurde nun das Centrum der Stadt, wenn der Berg auch selbst nicht mit Wohnungen besetzt wurde. Auch von den heiligen Gründungen, welche dort vorhanden waren (S. 2), sind keine Spuren auf der Höhe nachzuweisen. Dagegen finden sich sehr merkwürdige Spuren alter Terrassen und Wege, namentlich an der Nordseite, wo sich in halber Höhe ein Felsweg von 7—8 Fuſs Breite mit einem Seitensteg von 16 Zoll Breite entlang zieht. Man sieht auf dem Damme des Weges noch Überreste von altem Guſswerke. Darüber erstreckt sich eine höhere Terrasse mit einer senkrecht anstehenden, von Votivnischen angefüllten Felswand. Vor der Felswand steht ein im Felsen ausgehauener Sarkophag roher Arbeit.

Der alte Mauerzug, welcher die beiden Pionkuppen einfaſst, mit einem in der Senkung gelegenen Thore, wurde unter Lysimachos als Burgmauer erneuert, während der untere Mauerzug, dessen Überreste noch nicht hinreichend festgestellt sind, den Fuſs des Bergs mit einfaſste und an der Nordseite des Berges das Stadium, an der Südseite aber einen Theil von Opistholepria. Von hier ersteigt der Mauerzug den Koressos und folgt bergauf, bergab dem auf beiden Seiten steil abfallenden Bergkamme, meist horizontal geschichtet, mit Thoren und zahlreichen, nach auſsen vorspringenden Thürmen. Dann senkt sich die Mauer gegen die Höhen des Athenaion, die Schlucht einfassend, welche sich nach der Meerseite öffnete und den Athenahügel mit dem Koressos verbindet.

Der Athenahügel, welcher vom Tempel aus gesehen einem Gipfel gleicht, gliedert sich in drei flache Kuppen. Auf der ersten steht die hochragende Ruine des 'S. Paul-Gefängnisses', eines viergetheilten aus Marmorblöcken erbauten Festungsthurmes, der zur Beherrschung des ganzen Tieflandes eine ausgezeichnete Lage hatte. Die zweite Kuppe wird von derselben Mauerlinie eingefaßt; nicht so die dritte und äußerste, welche mit senkrechten Felsklippen zur Flußebene abfällt. Im Gestrüppe, das den Rand bedeckt, sieht man alte Quaderreste, welche einem vorgeschobenen und, wie es scheint, isolirten Kastelle angehören.

In den Niederungen sind die Mauerzüge bis jetzt noch nicht im Zusammenhange zu verfolgen. Wahrscheinlich ging die Befestigung vom Athension um den Hafenrand herum nach den oben erwähnten deichartigen Höhen, die im Norden das Stadtgebiet abschließen.

Der Hafen war ein künstlich ausgetieftes Bassin, welches sich vor dem schmalen Eingange, den der Paulsthurm beherrschte, etwa 1500 Schritt am Koressosfuße in das Stadtgebiet hineinzog. Zur Zeit der nassen Witterung erkennt man noch jetzt die alte Verbindung mit dem Kaystros.

Die Ruinen, welche im inneren Stadtraum liegen, sind noch zu wenig genau durchforscht, um über die Entstehungszeiten und die Bestimmung der einzelnen Bauten ein sicheres Urtheil abgeben zu können. Wir suchen sie hier nur nach ihren Hauptgruppen aufzufassen, um uns darnach eine etwas deutlichere Vorstellung von der Gesammtanlage der Stadt des Lysimachos zu bilden.

Wir unterscheiden die grofsen Festlokale am Fuße des Pion, nämlich das mit dem Kopfende und der einen Langseite aus dem Berge gearbeitete, an der andern Langseite aufgemauerte Stadium, die nördlich davon liegende oben besprochene Felsterrasse, mit dem benachbarten Gymnasium und dann das am westlichen Fuße anlehnende Theater mit dem Blick auf die See und so gerichtet, dafs man den Eingang zum Hafen gerade vor Augen hatte und den ganzen Wasserverkehr überblickte.

Zweitens die Anlagen, in der Niederung, welche sich von Theater und Stadium gegen den Hafen erstreckt und wahrscheinlich erst durch Einengung desselben entstanden ist, das Centrum des städtischen Verkehrs, der grofse Marktplatz mit dem Wasserbassin in der Mitte, von zwei Gymnasien eingefafst, von denen das kleinere am Theater liegt, das größere unmittelbar am Hafen.

Die dritte Gruppe umfafst diejenigen Gebäude, welche in dem

Thale liegen, das sich vom Hafen aus zwischen Pion und Koressos bis zu dem beide Höhen verbindenden Sattel hinaufzieht, und jenseits desselben in dem Thalbecken von Opistholepria.

In der schluchtartigen Einsattelung lag das Odeion mit einer Reihe von Denkmälern, welche den Weg auf beiden Seiten begleiteten, in Opistholepria das grofse Gymnasium.

Für die Stadtgeschichte von Ephesos giebt es keine wichtigere Frage als die nach dem rechtlichen Verhältnisse zwischen der neu gegründeten Stadt und dem Artemisium. Der Tempel war jetzt ein vorstädtisches Heiligthum; die Festlokale waren innerhalb der städtischen Mauer, die Leitung der Feste mufs, wie ich glaube, an die Bürgergemeinde übergegangen sein, der überhaupt die volle Souveränität im Stadtgebiete zurückgegeben war. Wir dürfen also wohl annehmen, dafs die städtischen Behörden jetzt ein Schutzrecht über den Tempel ausübten und dafs schon durch Alexander im Wesentlichen das Verhältnifs begründet worden ist, welches wir auf Inschriften und Münzen der spätern Zeit als den Neokorat bezeichnet finden[1]).

Damit war aber der alte Antagonismus nicht beseitigt, nur erhielt derselbe jetzt eine andere Form. Die Tempelbehörden mufsten jetzt ihr Augenmerk darauf richten, ihre Gerechtsame der Stadt gegenüber zu wahren und jede von aufsen sich darbietende Gelegenheit zu benutzen, um auf Kosten der Stadt Gewinn an Herrschaft und Einkünften zu erlangen.

Als Mithradates seine Macht aufrichtete, zählte die Priesterschaft auf ihn, dessen Herrschaft mit den alten asiatischen Heiligthümern zusammenhing. In gemeinsamem Römerhasse wurde auch die Bürgerschaft in die Bewegung hereingezogen. Später trennten sich die Parteien wieder und als Mithradates Herr der Stadt war, wollte er das Weichbild der Artemis erweitern. Von der Ecke des Tempeldaches schofs er seinen Pfeil ab, um danach die neue Gränze zu bestimmen. Der Schufs reichte wenig über die von Alexander gezogene Mark hinaus und gab also nur zu einer geringen Erweiterung auf Kosten der Stadtgebiets Anlafs[2]).

---

[1]) Ἔφεσος μόνων ἁπασῶν τῆς Ἀρτέμιδος (νεωκόρος) C. I. Gr. 2972. Eckhel Doctr. N. II p. 520.

[2]) Str. 641. Inschrift aus Mithradates Zeit. Le Bas Explication des inscriptions gr. et lat. n. 136ᵃ mit der Anm. von Waddington p. 59.

Eine neue Änderung trat unter Antonius ein. Der Triumvir verfiel dem berauschenden Einflusse des Orients, er wurde auf dem Boden Asiens zum Asiaten. Darum begünstigte er bei verschiedenen Gelegenheiten hierarchische Institute, die wichtigsten Stützpunkte einheimischer Traditionen; er liefs sich in Olbe von den dortigen Priesterfamilien gewinnen und gewährte dem ephesischen Tempel eine solche Begünstigung, dafs er den Umfang seines Gebiets verdoppelte[1]).

Nun war wiederum ein Theil der Stadt innerhalb des Peribolos. Mitten in den Strafsen waren die Gränzsteine, welche die städtischen Gerichts- und Verwaltungsbehörden nicht überschreiten durften. Die Ausdehnung des Asyls mufste zu den gröfsten Mifsständen Anlafs geben.

Octavian machte diesem Unwesen ein Ende. Er verengte wieder den Tempelhof, indem er eine neue Befriedigung anordnete, nnd das ist nun einer der glücklichsten Erfolge von Wood's Nachgrabungen, dafs die Ecke des octavianischen Peribolos mit den dazu gehörigen Inschriften neuerdings aufgefunden worden ist.

Es finden sich zwischen Pion und Artemision verschiedene Spuren alter Begränzungen, welche durch neuerdings gezogene Gräben von 2 bis 3 Meter Tiefe freigelegt worden sind.

Herr Wood hat in seinem 'Führer' einen Punkt nach einer Gruppe von Ölbäumen, den einzigen in der ganzen Gegend, genau bezeichnet. Es ist der Punkt A, die Ecke der südlichen und westlichen Peribolosmauer. Die westliche wurde zehn Meter weit ausgegraben und erwies sich jünger als die südliche Mauer, welche aus gröfseren Steinen erbaut ist; die oberste Steinlage springt über den unteren vor.

Die westliche Mauer trifft in ihrer Verlängerung auf einen anderen Mauerzug, der von O. nach W. geht. Am Ende des östlichen Mauerstücks B ragt eine Gruppe von 4 Pfeilern an die Oberfläche; 120 Meter nordöstlich läfst sich ein anderer Pfeiler aus Quadern gebaut erkennen.

Den beredten Commentar zu diesen form- und zusammenhanglosen Mauerstücken bilden die Inschriften. Denn nach Herrn Wood ist A die Ecke, wo die Inschrift gefunden ist, deren Text bei Waddington in seinen

---

[1]) Str. 641. Vgl. ähnliche Begünstigungen asiat. Priesterstaaten von Seiten Roms. Pompeius giebt dem Archelaos χώραν δίσχοινον κύκλῳ πρὸς τῇ ἱερᾷ Str. 558.

Fastes des prov. Asiatiques p. 94 mitgetheilt ist: Imp. Caesar Divi. F. Augustus C. XII. Trib. pl. XVIII. pontifex maximus ex reditu Dianae fanum et Augusteum muro muniendum curavit C. Asinio [Gallo pro. cos.] curatore Sex. Lartidio leg. Im griechischen Texte: Αὐτοκράτωρ Καῖσαρ Θεοῦ υἱὸς Σεβαστός, ὕπατος τὸ ιβ΄, δημαρχικῆς ἐξουσίας τὸ ιη΄ ἐκ τῶν ἱερῶν τῆς Θεοῦ προσόδων τὸν ναὸν καὶ τὸ Σεβαστῆον τιχισθῆναι προενοήθη ἐπὶ Γαίου Ἀσινίου Γάλλου ἀνθυπάτου ἐπιμελείᾳ Σίξτου Λαρτιδίου πρεσβευτοῦ.

Die Mauerecke ist durch Herausnehmen des Inschriftsteins, der nach England geschickt worden ist, zerstört; das noch Übrige zeigt die beifolgende Skizze (T. II.). Durch eine glückliche Entdeckung ist also in dem merkwürdigen Kampfe zwischen weltlichem und geistlichem Territorium, in dem Vor- und Zurückrücken der Peribolosmauer ein fester Punkt, und zwar ein besonders bedeutender gegeben; die SWEcke des Peribolos, wie ihn Octavian festgestellt hat, etwa 2 Stadien von der Ausgrabungsstelle.

Es sind noch andere, auf Begränzung heiliger Räumlichkeiten bezügliche Inschriftfragmente zum Vorschein gekommen, und zwar solche, welche über Herstellung einer Umfriedigung urkundlichen Bericht in einer unverändert wiederkehrenden Formel abstatten (προελθόντες ὁμοίως ἐστήσαμεν ἑπτακαιδεκάτην στήλην, προελθόντες δὲ ὁμοίως u. s. w.). Eine zusammenhängendere Inschrift ist nach Mr. Wood in der Mauer des Augustus gefunden: αὐτοκράτωρ Καῖσαρ Θεοῦ υἱὸς Σεβαστὸς ὕπατος τὸ ιβ΄ δημαρχικῆς ἐξουσίας τὸ ιη΄ στήλας ἱερὰς τῶν ὁδῶν καὶ ῥίθρων Ἀρτέμιδι ἀποκατέστησεν, --ἐπιμελίᾳ Σίξτου Λαρτιδίου πρεσβευτοῦ. Τὸ ῥεῖθρον ἔχει πλάτους πήχεις κ΄. Dann in derselben Mauer eine zweite Inschrift, der ersten gleich bis πρεσβευτεῦ und dann ἡ ὁδός ἔχει σὺν τῷ ῥίθρῳ τοῦ ποταμοῦ πήχεις λ΄[1]).

Die Pfeiler bezogen sich also nicht auf Umgränzung des Peribolos, sondern auf die Einfassung von Land- und Wasserwegen, welche neben einander herliefen und als zum Tempel gehörig und an der Atelie desselben theilnehmend durch sorgfältige Begränzung von dem profanen Terrain umher gesondert waren. Wir sehen, daſs der Canal 15 Ellen und der Weg dieselbe Breite hatte; zusammen 30 Ellen = 45 Fuſs[2]).

---

[1]) Nach gütiger Mittheilung von Herrn Waddington.
[2]) Wir dürfen einer vollständigen Veröffentlichung der zahlreichen Inschriftstücke

Octavian hat mancherlei Reformen in Ephesos gemacht, welche ungleich wichtiger waren als die neue Umhegung des Tempelraumes, deren urkundliches Zeugnifs uns vorliegt. Die wichtigste derselben war ohne Zweifel die Erweiterung des alten Gottesdienstes durch das Sebasteion (dessen Überreste vielleicht in der Ruine C zu erkennen sind), um so wichtiger, da schon die Erlaubnifs der Stadt Rom und dem Divus Julius ein Heiligthum zu errichten, in Ephesos wie in Nikaia an die Bedingung geknüpft war, dafs der neue Cultus von den am Orte wohnenden Römern versehen werden sollte[1]).

In dieser Beziehung glaube ich zwischen den Reformen Octavians und denen Alexanders einen gewissen Zusammenhang annehmen zu dürfen. Wenn nämlich oben (S. 23) mit Recht vermuthet worden ist, dafs die im Tempel deponirten Gelder unter bürgerliche Controle der Ephesier gestellt wurden, und dafs die Stadt seit jener Zeit ein Schutzrecht über den Tempel erhielt sowie einen bestimmten Antheil an der Leitung der Feste, so ist Octavian auf diesem Wege einer fortschreitenden Einschränkung der priesterlichen Autonomie nur weiter gegangen. Er verfügt für den Bau des Augusteum über die Einkünfte des Tempels, und seit der Zeit waren neben den ephesischen Bürgern auch römische Bürger in der obersten Verwaltung des Tempels vertreten. Dadurch wurde die Zähigkeit einer allen westlichen Cultureinflüssen hartnäckig widerstrebenden Priestermacht gründlich überwunden, und das Artemisium erhielt dadurch in einem viel höheren Grade den Charakter eines ökumenischen Heiligthums.

Die Stadt selbst konnte dabei nur gewinnen und es bezieht sich gewifs auf die octavianischen Neuerungen, wenn Strabo sagt, dafs Ephesos zu seiner Zeit von Tag zu Tage an Gedeihen zunehme[2]).

Wenn derselbe Schriftsteller aber auch sehr bestimmt zwischen den noch in voller Kraft stehenden und den zu seiner Zeit aufser Kraft gesetzten Tempeleinrichtungen unterscheidet, so ist mir sehr wahrscheinlich, dafs Octavian es war, auf dessen Einrichtungen dieser Unterschied des

---

verwandten Inhalts entgegensehen und ich erwähne nur, dafs die Pfeiler als Gränzsteine des Tempellandes (στήλην πρὸς τῇ ἱερᾷ χώ[ρᾳ]) vorkommen und auf anderen Fragmente ωλοντιαι erwähnt werden.

[1]) Dio. C. 31, 2.
[2]) αὔξεται καθ᾽ ἑκάστην ἡμέραν Str. 641.

einst und jetzt beruht. Der Dienst der Verschnittenen, die Amtswürde der Megabyzoi (S. 8, 20, 4), die Satzungen in Betreff der weiblichen Hierodulie und alles damit zusammenhängende Unwesen asiatischer Gebräuche ward abgeschafft. Das Asylrecht dauerte fort, wenn es auch unter Octavian und noch einmal unter Tiberius gesetzlichen Beschränkungen unterworfen wurde[1]).

Der ganze Kampf zwischen Orient und Occident, zwischen Priesterrecht und Staatsrecht, welcher Jahrhunderte lang auf diesem engen Gebiete geführt worden ist, tritt uns jetzt erst, nachdem die Tempelstätte aufgefunden und der doppelte Mittelpunkt der Ortsgeschichte nachweisbar geworden ist, in anschaulicher Weise entgegen.

Ein topographischer Punkt von besonderer Wichtigkeit ist noch die Verbindung zwischen Stadt und Heiligthum seit Lysimachos Zeit.

Hierüber können natürlich bei dem durchaus unvollkommnen Zustande der Ausgrabungen noch keine bestimmten Ansichten aufgestellt werden. Es kann nur die Absicht sein, nach Mafsgabe des bis jetzt vorliegenden Materials einige Gesichtspunkt aufzustellen, welche weiteren Forschungen etwa als Grundlage dienen können.

Die wichtigsten Communicationslinien des Stadtgebiets sind durch die Lokalität gegeben. Es ist der Höhenweg, welcher vom Stadthafen her nördlich vom Theater auf den Pion steigt und jenseits durch die Schlucht bei der Siebenschläfergrotte hinunter nach dem heutigen Dorfe führt, und die beiden in der Niederung angelegten Fahrwege, welche den Pion umgehen, der eine an seinem südlichen, der andere an seinem nördlichen Fufse.

Der südliche Weg kommt aus der Schlucht in den Thalgrund von Opistholepria. Hier hat in der Nähe des Gymnasiums ein Hauptthor gelegen und zwar, wie man nach der Lage vermuthen mufs, das Thor von Magnesia. Hier soll die Wasserleitungsinschrift gefunden sein, deren Mittheilung ich der Güte des Herrn Waddington verdanke: τὸ ὕδωρ τὸ

---

[1]) Str. 641, wo man auf die Imperfecta achte (εἶχον, ἦγον, ἰσχῦν), welche nach meiner Ansicht die vorangustaischen Einrichtungen bezeichnen. (Die wichtige Stelle ist interpolirt, ich kann wenigstens die Touristennotizen über Thrason nicht für strabonisch halten.) Auf die Imperfecta hat schon Bernays Herakl. Briefe S. 108, wie ich nachträglich sehe, hingewiesen.

ἐκ τοῦ καινοῦ Μάρναντος τοῦ εἰσαχθέντος ὑπὸ Κλαυδίου Διογένους Ἐπιμελητοῦ. Der Marnasbach war bis jetzt nur aus Münzen bekannt[1]).

Von der alten Heerstrafse nach Magnesia sind bis jetzt noch keine sicheren Spuren nachgewiesen. Doch folgte sie gewifs derselben Schlucht, in welcher sich jetzt die Eisenbahn hinaufzieht, weil in dieser Richtung die Wasserscheide zwischen Kaystros- und Maiandrosthal sich kaum 500 Fufs erbebt. Darnach kann nicht bezweifelt werden, dafs das opistholeprische Thor das magnesische sei.

Eine zweite unverkennbare Thorlage findet sich in dem Sattel zwischen Athenaion und Koressos, wo der Ausgang nach der See und dem Hafenorte Koressos war, die inschriftlich bezeugte Κορησσική πύλη.

Die Verbindungslinien mit dem Heiligthume gingen durch die Niederung, welche die kleinen Bäche wie Marnas und Klaseas unterirdisch durchziehen, die ursprünglich zum Kaystros abflossen und später, als Canäle gefafst, wahrscheinlich den Pilgerhafen speisten. In dieser Niederung waren nur auf künstlichen Unterbauten Wege herzustellen. Zwei alte Dammwege, welche nach Osten convergiren, erkennen wir in deutlichen Überresten unter dem Nord- und SOfufse der Pion, beide von Gräberreihen eingefafst, welche in mehreren Schichten über einander liegen und davon Zeugnifs ablegen, wie man diese nach dem Artemision gerichteten Prozessionswege mit Vorliebe als Begräbnifsplätze benutzte.

Nach den Untersuchungen des Herrn Wood war die Strafse, welche zu dem 'magnesischen' Thore führte 45 Fufs breit und hatte zur Rechten die alte Stadtmauer, welche seit Lysimachos dem untern Rande des Berges folgte. Auch Überreste von Säulenhallen sind an diesem Wege zu Tage gekommen.

Die beiden Gräberstrafsen werden sich gerade im Osten, wo der Höhenweg herunterkommt, am Fufse des Berges vereinigt haben, die Hälfte des Berges ringförmig umgebend.

Nun ist in der grofsen Theaterinschrift, welche die Weihegeschenke des Salutarius betrifft[2]), der Weg genau bezeichnet, welchen die mit den-

---

[1]) Waddington Mélanges de Numismatique, 1861, p. 27.

[2]) Ich verdanke einige Stellen der Inschrift der Güte des Herrn Murray am britt. Mus. Eine andere Stelle lautet nach Herrn Waddington: ὅπως ἐξῇ ταῖς χρυσοφορούσι φέρειν τις

selben einherziehenden Prozessionen wandeln sollen (τὸ φέρειν καὶ αὖ φέρειν τὰ καθαρυιθέντα ὑπὸ Οὐιβίου Σαλουταρίου — (προπεμπ)όντων καὶ τῶν ἐφήβων ἀπὸ τῆς Μαγνητικῆς πύλης καὶ μετὰ τὰς ἐκκλησίας συνπροπεντόντων ἕως τῆς Κορησσικῆς πύλης καθὼς καὶ ἐν τοῖς προγεγονόσι ψηφίσμασι ἡ βουλὴ καὶ ὁ δῆμος ὥρισεν.

Die Festzüge gingen also vom magnesischen Thore um den Pion herum nach der Nordseite, wo die Festlokale lagen und in der Niederung (wahrscheinlich unterhalb des Theaters oder im Theater) auch die Volksversammlungen gehalten wurden; von da, wie ich glaube, am Theater vorüber und am Koressosfuſs entlang, dessen altheilige Punkte oben (S. 13) angeführt worden sind, nach dem Athenaion und dem Koressosthore, dem Schlufspunkte der Prozessionsstraſse. Denn der Koressosrücken machte die Gränze der Stadt; die Aufsenseite desselben lag aufserhalb des städtischen Zusammenhangs. Das Angesicht der Stadt war gegen Osten gekehrt.

Im Osten des Pion unterhalb der Siebenschläfergrotte müssen wir dann den Weg ansetzen, welcher gerade auf das Heiligthum zuführte, die eigentliche via sacra, welcher das Hauptthor des Tempelhofes entsprechen mufste.

Auch Pausanias (VII, 2, 9) spricht von der heiligen Straſse so, daſs wir eine Spaltung derselben nach verschiedenen Stadtthoren annehmen müssen, indem er einen Theil der Strafse (an welchem das Denkmal des Androklos lag) als denjenigen bezeichnet, welcher am Olympeion vorbei nach dem Thore von Magnesia gerichtet war (ἡ ὁδὸς ἐκ τοῦ ἱεροῦ παρὰ τὸ Ὀλυμπιεῖον καὶ ἐπὶ πύλας τὰς Μαγνητίδας).

Auf diesen Zweig der Strafse bezog sich des Sophisten Damianos groſsartige Bauthätigkeit, indem er nach Philostratos (p. 264 Kayser) den vom magnesischen Thore herabführenden Weg ein Stadium weit mit einer bedeckten Marmorhalle überbaute, damit die zum Heiligthum Wan-

---

τὸς) ἐκκλησίαι ἐπὶ τοὺς ἀγῶνας τὰ ἀπεικονίσματα καὶ εἰκόνας τὰ καθιερωμέν[α ὑπὸ φιο]υ Οὐιβίου Σαλουταρίου ἐκ τοῦ πρωαίου τῆς Ἀρτέμιδος συνεκκομιζομένων καὶ τῶν νεωποιῶν συμπαραλαμβανόντων καὶ τῶν ἐφήβων ἀπὸ τῆς Μαγνητικῆς πύλης καὶ συνπροπεμπόντων μέχρι τῆς Κορησσικῆς πύλης.

delnden nicht vom Regen belästigt würden. Von solchen Bauten sind Ueberreste am Wege gefunden worden (S. 31). Ein ähnlicher Hallenweg, welcher Pergamon mit dem vorstädtischen Asklepieion verband, ist neuerdings nachgewiesen worden.

Die Verbindungen zwischen Ephesos und dem Binnenlande sind noch nicht erforscht worden. Wir wissen nur, dafs auch die Höhen im Osten jenseits der Bahnlinie mit der alten Stadt in nahem Zusammenhange standen. Denn wenn man der grofsen, aus Tempeltrümmern erbauten Wasserleitung folgend, die Höhen hinansteigt, so kommt man, etwa 8 Minuten jenseits der Bahn ansteigend, links von dem Aquädukt, zu einer Quelle, welche unterirdisch in einem aus Quadern erbauten Canale fliefst.

Da bis jetzt nur eine so geringe Anzahl fester Punkte gewonnen ist, wäre es vermessen, der geschichtlichen Erörterung den Versuch einer in's Einzelne gehenden Topographie der alten Stadt folgen zu lassen. Halb Binnen- halb Seestadt, mit einem überaus künstlichen System von Land- und Wasserwegen, einer grofsen Mannigfaltigkeit von Terrainverhältnissen, die sich im Laufe der Zeit wesentlich umgestaltet haben, mit einer chaotischen Menge von Ruinen der verschiedensten Zeit ist Ephesos bei dem völligen Mangel alter Ortsbeschreibungen gewifs eine der allerschwierigsten Aufgaben topographischer Forschung. Man kann also einstweilen nichts geben, als eine Periegese der Ruinen, und da hier der Blick des Technikers allein im Stande ist, die Baureste sicher und scharf zu beurtheilen, so gereicht es mir zur besonderen Genugthuung, dafs mein Freund, der Baurath und Professor Adler es auf meine Bitte übernommen hat, im Anschlufs an den beifolgenden Plan das ephesische Ruinenfeld zu beschreiben.

Ich werde auch, was über die anderen von uns im Herbste 1871 besuchten Städte Kleinasiens zu sagen ist, an die von Herrn Major Regely aufgenommen oder unter seiner Leitung gezeichneten Stadtpläne als Erläuterung derselben anschliefsen, und zwar hat Herr Dr. Hirschfeld den Text zu der Skizze von 'Alt-Smyrna', Herr Dr. Gelzer die Erläuterung eines Theils der pergamenischen Inschriften übernommen. Da nun auch Herr Carl Humann in Bergama seine Aufnahme von Pergamon und Herr Professor Stark einige seiner landschaftlichen Skizzen uns zur Verfügung gestellt hat, so ist das vorliegende Heft zugleich ein Denkmal unserer gemeinsamen Arbeiten auf der kleinasiatischen Reise, über deren äufseren Verlauf ich in den Preufsischen Jahrbüchern Band XXIX berichtet habe.

Erläuterungen
zum Stadtplane von Ephesos

von

Fr. Adler.

Seit fast zweihundert Jahren hat das ausgedehnte Trümmerfeld von Ephesus werthvolle Beiträge zur Kenntnifs der antiken Baukunst geliefert. Was über der Erde aufrecht stand, haben ältere Reisende gesammelt und in Beschreibungen und Zeichnungen niedergelegt. Das unter der Erde ruhende Material ist erst in neuster Zeit (von 1864—71) durch die energisch betriebenen Ausgrabungen des Mr. Wood näher erkundet worden. Die bisherige Kenntnifs der denkmalreichen Stadt ist dadurch gewachsen, ja durch die glückliche Wiederauffindung der Reste des Artemision das Gebiet der klassischen Baugeschichte wesentlich bereichert worden. Vieles bleibt noch zu thun, theils in der umfassenden Bloflegung ganzer Stadttheile, theils in der speciellen Untersuchung der einzelnen Ruinenplätze. Doch ist genügendes Material vorhanden, um bereits eine Uebersicht der auf der beifolgenden Terrainskizze Blatt I verzeichneten Hauptdenkmäler unter Hervorhebung ihrer charakteristischen Eigenthümlichkeiten geben zu können.

Abgesehen von einigen unbedeutenden Leistungen der altchristlichen Baukunst (die Doppelkirche E und Siebenschläfergrotte) und einer hervorragenden Schöpfung der osmanischen Baukunst (Moschee Selim) stammen die erhaltenen Baureste aus zwei Epochen, der hellenistischen und der römischen. Zu der ersten, welche den Neubau des Artemision umschliefst, gehören Theater, Odeion, Stadion, Agora, und zwei Gymnasien, ferner der ältere (zugeschüttete) Stadthafen und die Ringmauern auf dem Koressos und Pion, einschliefslich des festen Wartthurms, der den Namen St. Pauls Gefängnifs trägt. Die zweite Epoche wird durch einige Tempel, das Forum und Prätorium, durch mehre prachtvolle Grabmäler, mit Thermen verbundene Gymnasien, Peribolus- und Thor-Anlagen, sowie durch den mehr oder weniger durchgreifenden Umbau fast aller älteren Baudenkmäler vertreten.

Eine ganz besondere Beachtung verdienen einige Architekturreste, weil sie ersichtlich viel älteren Ursprunges sind, als die grofsartige, wahrscheinlich nach einem Plane erfolgte Stadtschöpfung unter Lysimachos. Es sind dies aufser dem an der Nordseite des Pion belegenen grofsquadrigen Mauerreste *F* einige Nischen-Felsgräber bei der Siebenschläfergrotte, das mit *J* bezeichnete gröfsere Felsheiligthum am Pion und eine kleinere ebenfalls aus dem Felsen gehauene gewelbte Stätte am Koressos südlich vom Hafen. Die letztere besteht aus einer künstlich geebneten Felsplatte, welche an der Ostseite noch die ursprüngliche hohe Klippe (mit einer Votivnische darin) erhalten zeigt, während jenseits nach dem Hafen zu eine Felsexedra, grabbettartig vertieft angeordnet ist. Ungleich bedeutender ist aber das erstgenannte, auf Blatt II in gröfserem Maafsstabe gezeichnete Felsheiligthum *J*, welches Falkener unrichtig abgebildet und ohne irgend nähere Begründung als Serapeion bezeichnet hat. Hier ist die am weitesten in die Ebene hineintretende Nordwestecke des Pion zu einer viereckigen, an den Ecken abgerundeten Felsterrasse künstlich zugehauen und die nicht genau in der Mitte stehen gebliebene sondern etwas nach Osten hinausgerückte Kuppe zu einer eigenartigen Bauanlage umgestaltet worden. Es ist eine Plattform von 20 M. Durchmesser, in deren Peripherie durch sechszehn derb und roh eingehauene Nischen, den Zähnen eines Zahnrades vergleichbar, sechszehn strebepfeilerartige Vorsprünge gebildet worden sind, von denen die vier nach den Hauptrichtungen der Windrose gestellten beträchtlich breiter erscheinen, als die übrigen. Die westöstliche Orientirung des Felsenplatzes beweisen die in dem Westpfeiler eingeschnittenen Stufen, welche Terrasse und Plattform verbinden. Nirgends sind Anbauten oder Abbruchsspuren sichtbar; alles ist unversehrt; urwüchsig schlicht erscheint die Technik, und der Umfang der Arbeit erweckt Erstaunen. Am Westabhange der Terrasse befindet sich eine lange über dem schroffen Absturze eines Steinbruches schwebende und mit Podesten, Sitzplätzen und trogförmigen Cisternen ausgestattete Felsentreppe, welche von unten d. i. vom alten Meeresstrande zur Terrasse und zur Plattform emporführte. Es kann keinem Zweifel unterliegen, dafs in dieser ungefügen aber echt monumentalen und kostbaren Anlage ein hochaltes Heiligthum erhalten ist, welches an den Felsaltar des Zeus zu Athen (der sog. Pnyx) in überraschender Weise erinnert. Nicht zu übersehen ist die sorgfältig gewählte Lage des Platzes, fast genau halbweges auf einer geraden Linie zwischen dem Koressos-Sattel am St. Pauls Gefängnifs (dem ersten Ansiedelungsplatze der eingewanderten Athener) und dem Artemision; denn sie begründet die Annahme, dafs hier schon in vorgeschichtlicher Zeit ein religiöser Mittelpunkt für Gemeinde-Kultus geschaffen worden ist, der eine vermittelnde Brücke zwischen der attischen Bürgerstadt und dem asiatischen Priesterstaate bilden sollte (vgl. oben S. 14).

Eine etwas nähere Kenntnifs verdient ferner bei der Seltenheit solcher Anlagen die in dem einspringenden Winkel zwischen Pion und Koressos (südlich von *N*) belegene Stadtquelle, welche durch eine Vedutenskizze auf Bl. II dargestellt worden ist. Sie liegt rechts vom Hauptwege zwischen dem koressischen und magnesischen Thore im Hintergrunde einer kleinen Thalschlucht und ist exedrartig 4 M. breit, 2 M. tief, auf drei Seiten mit Futtermauern aus grofsen Quadern eingefafst. Die Quellöffnung selbst von 0,60 M. Breite zu 0,71 M. Höhe war schmucklos gestaltet. Diese Thatsache sowie die grofsartig derbe Structur und die Verwendung schräger Stofsfugen sprechen für einen Bau, der älter als die lysimachische Epoche ist. Ausgegrabene Reste spät-ionischer

Bauweise lassen einen später bewirkten ballonartigen Abschlufs nach vorn erkennen. Sie bestätigen die fortgesetzte Pflege und künstlerische Fassung dieses werthen Naturgeschenkes. Aus geschichtlich datirbarer Zeit folgen sodann die Reste des Artemision, am Fufse des Castellhügels von Ayassuluk, mithin an einer Stelle gefunden, wo nur Arundell sie vermuthet aber niemand sie gesucht hat und über 6 M. tief im Flufsschlamm und Kalkfelsenstaub begraben. Seit der Auffindung im Frühjahre 1871 ist bis Ende September desselben Jahres etwa ein Drittel der Tempelarea und zwar an der Südwestecke blofsgelegt worden. Für einen Nichttechniker ist die Orientirung auf dem Trümmerfelde im hohen Grade schwierig, selbst ein Architekt bedarf der Magnetnadel, um eine Übersicht über die weit zerstreuten Reste zu gewinnen. Die Zerstörung ist eine exceptionell durchgreifende gewesen, weil die Trümmerstätte Jahrhunderte hindurch für die marmornen Prachtbauten Constantinopels und zuletzt noch im Anfange des XVI. Jahrhunderts für die nahe belegene Moschee Sclims als Steinbruch gedient hat. Viel fehlte nicht daran, so wäre sie total gewesen, — so verschwindend klein sind die Überreste zu der ganz ungeheuren Baumasse, welche einst durch seltene Gröfse und kunstvolle Fügung ebensosehr die Bewunderung des Alterthums geweckt hat, als durch ihre mit asiatischem Luxus bewirkte Ausstattung. Gleichwohl sind die bisher gefundenen Bruchstücke von hohem Werthe. Sie bestätigen die Einzelangaben der Alten, wie den grofsen Maafsstab, die ionische Bauweise, die *columnae caelatae*; sie geben aber mehr, sie beweisen, dafs im Innern korinthische, in der Krypta dorisirende Stützenstellungen vorhanden waren, und dafs, weil überwiegend attischer Einflufs in allen Details sichtbar ist, der letzte bekannte Bau des Deinokrates, kein in der Formensprache ängstlich behüteter Restaurationsbau, sondern unter Festhaltung der Fundamente und des Maafsstabes, im Grofsen und Ganzen ein völliger Neubau gewesen ist, bei welchem die neuesten Errungenschaften der Architektur bereits mit voller Freiheit verwerthet wurden. Wenn die fortdauernde Ausgrabung nicht noch zufällig gerettete ältere Bruchstücke zu Tage fördert, so wird unsere Sehnsucht nach alt-ionischen Bauresten des VI. Jahrhunderts auf diesem so denkwürdigen Bauplatze der alten Welt vorläufig unerfüllt bleiben.

Die ionischen 1,16 M. hohen Basen sind in dem üblichen Schema formirt, aus Plinthus, doppeltem Trochilus und der oberen Spira mit 9 Reifen bestehend. Der untere Säulendurchmesser beträgt ca. 2,13 M.; die wegen der Zerstörung nur mit Schwierigkeit mefsbaren Axenentfernungen der Front ca. 7,80, der Seiten 7,25 M.; die Schäfte tragen 24 Cannelüren. Die Capitelle sind denen der Propyläen zu Athen eng verwandt; die Schneckenausladung beträgt 2,75; den Seitenansichten fehlt der Balteus-Gurt, sie sind fünftheilig gekehlt und jede Kehle mit gedoppelten Astragalen gesäumt. Die aus fünf mächtigen Quaderschichten hergestellte Krepis ist ca. 3,40 M. hoch. Von den dreitheiligen mit Perlenschnüren geschmückten Epistylien sind bisher nur schwache Bruchstücke gefunden worden; die inneren Architrave waren 1,26 M. hoch, dreitheilig fascirt, aber ohne verknüpfende Astragale. Werthvolle Trümmer des Artemision stecken in der Moschee Selims; aufser zahlreichen Stufen und Krepis-Quadern ein schöner 0,42 M. hoher Wandhals mit zierlich gemeifseltem Doppelmäander, welcher in rhythmischem Zuge Rosetten, Seekrabben, Schwalben, Schwäne u. dgl. umschliefst. Von der Ausstattung des Innern sind korinthische Capitelle mit zwei Blattreihen in gebohrter Arbeit gefunden worden; desgleichen stämmige dorische Rundpfeiler mit 36 Cannelüren aus der Krypta. Der trefflich geglättete Marmorfufsboden der letzteren liegt noch theilweis wohlerhalten an Ort und Stelle. Mit seiner Auffindung begann die Wiederentdeckung aller übrigen Reste. Das gröfste Interesse erwecken aber mehre mit Reliefs geschmückte Säulentrommeln, welche zum ersten Male die oft besprochenen *columnae caelatae* des Plinius deutlich veranschaulichen. Diese 36 Säulen, von denen wie ephesische Münzen aus hadrianischer Zeit beweisen acht an der Vorderfront standen, waren dicht über der Basis mit etwas über lebensgrofsen Figuren in Basrelief geschmückt, über denen erst in 2,25 M. Höhe nach einem Anlaufe die Cannelüren begannen. An römischen Kandelaberschäften findet sich dieses Motiv, welches eine echt hellenistische Bauepoche charakterisirt, vielfach aufgenommen und weiterentwickelt. Leider hatten die bisher aufgefundenen Blöcke schwere Beschädigungen erlitten und lagen noch theilweis im Grundwasser, so dafs eine nähere Besichtigung sehr erschwert war. Auf einer Trommel war ein stehender Hermes mit Petasus, Chlamys und Caduceus erkennbar, vor ihm eine mit Chiton und Peplos bekleidete weibliche Figur, links neben der letzteren eine nackte weibliche Figur mit Schwingen. Auf einer andern ist nur der Untertheil einer schönen sitzenden weiblichen Figur mit übergeschlagenen Beinen erhalten. Von einem dreiseitigen Altare, der in gleicher Weise geschmückt war, ist eine Ecke mit zwei auf den benachbarten Seiten vertheilten Figuren gefunden worden; eine derselben besonders wohl erhalten, ist nach rechts eilend gebildet, mit schön drapirten fliegenden Gewändern und nach der Gefährtin zurückblickend. Die andere Figur sitzt auf einem stierartigen aber verstümmelten Thiere, dessen Sattel eine Löwenhaut bildet. Die Composition dieser Reliefs ist frisch und lebendig, die Arbeit dagegen flüchtig mit Ausnahme der an dem Altarreste, welche an die hohe technische Vollendung der Nike-Tempel Balustrade erinnert. Die ganze Stilbehandlung verräth einen unverkennbaren Zusammenhang mit den Reliefs vom gröfseren Friese des Maussoleums.

Das Material des Artemision ist ein feinkörniger Marmor, der dem pentelischen an Güte sehr nahekommt, aber bläulicher schimmert und deshalb der warmen Tönung entbehrt. So weit die Technik erkennbar ist, war sie der in den perikleischen Bauten geübten hochvollendeten Technik nicht ganz ebenbürtig, wenn auch mit gediegener Sorgfalt behandelt. Aus den bisher ermittelten Maafsen und gefundenen Bruchstücken läfst sich eine sichere Restauration des Heiligthums nicht bewerkstelligen, besonders da der Cellabau so gründlich zerstört ist; aber wir dürfen hoffen, dafs weitere Funde die Möglichkeit bieten werden, wenigstens die Hauptfront auch dieses Weltwunders in der Baukunst, ähnlich wie es bei dem Maussoleum von Halikarnass geschehen ist, dereinst durch Zeichnung zu veranschaulichen.

Von der Peribolos-Mauer des Artemision ist die durch ihre Augusteische Inschrift (S. 27 f.) wichtig gewordene Ecke *A* mit ihrer zwiefachen Struktur gröfserer, mörtellos fügter Quadern der Südseite und kleinerer in Kalk vermauerter Quadern der Westseite auf Blatt II specieller dargestellt worden. Ein Rest der besseren hellenischen Mauer findet sich in der Terrainskizze bei *O*, von der später hergestellten geht ein längerer geknickter Zug in der Richtung *Imn*. Bei *B* stehen vier grofse Mauerpfeiler genau in der Flucht der antiken Strafse, welche an der Nordseite des Pion entlang laufend, bei *D* blofsgelegt ist und an der Langseite und Front des Stadions sich wohlerhalten findet. Das mit *C* bezeichnete Gebäude haben wir leider nicht gesehen. Nach gütiger brieflicher Mittheilung des Herrn Weber (Smyrna) soll dasselbe aus römischer Zeit stammen. „Nur die Westseite 45 M. lang ist noch erhalten; 5 M. tief steht dasselbe in der Erde, 3 M. ragt es daraus hervor. In dieser Höhe ist ein marmornes Gesims zum Theil noch sichtbar, welches um das ganze Gebäude herumlief. Im Innern finden sich grofsentheils zerstörte Gewölbe."

Das in den Haupttheilen wohlerhaltene Stadion G liegt an der Nordseite des Pion und ruht mit seiner rechten (südlichen) Seite auf dem Bergabhange, während seine linke von grofsen quergelegten tonnenüberwölbten Substructionen gebildet wird, welche die Sitzstufen tragen. Eine über 36 M. lange und noch 12 M. hohe gekrümmte Futtermauer aus gewaltigen Marmorquadern von 2—2,20 M. Länge und 0,60—0,75 M. Höhe umzieht das obere Rundhaupt und hängt mit der Akropolismauer des Pion zusammen. Die Länge der Rennbahn betrug 229,50 M., die Breite fast 30 M. An ihrem oberen Ende ist wie am panathenäischen Stadion zu Athen durch eine niedrige, nach Innen wie nach aufsen gekrümmte Mauer (mit kleinen Eckräumen) ein besonderer 40 M. langer Raum abgetrennt worden, der zwar der Mauertechnik wegen sich als eine spätrömische Herstellung erweist, aber sehr wohl die Erneuerung einer älteren und nur zeitweis beseitigten Einrichtung gewesen sein kann. Es liegt nahe, diese Raumabtheilung als die Stelle des Ring- und Faustkampfplatzes aufzufassen. Nach Abzug dieses Raumes mit 40 M. ergiebt sich das genaue Stadionmaafs mit 190 M. Von den Sitzplätzen sind noch einige wenige von 0,37 M. Höhe und 0,40 M. Tiefe am Rundhaupte am Platze; alle übrigen fehlen. Die ganze Anlage besitzt durch grofsartige Fassung und technische Behandlung alle Kriterien eines Werkes der lysimachischen Epoche. Die Front ist dagegen eine römische Schöpfung. Sie bestand aus einer Doppelreihe von sieben Säulen-Arkaden zwischen vier starken Eckpfeilern, sämmtlich auf niedrigen Stylobaten aufgestellt. Die Säulenschäfte fehlen, die attisch-ionischen Basen waren mit den Stylobaten aus einem Stücke gearbeitet; auf den korinthischen Capitellen ruhten architravirte Bögen, ähnlich denen der Wasserleitung am Horologion des Andronikos zu Athen, und ein mit Zahnschnitten versehenes Geison nebst löwenbesetzter Sima bildete die Krönung. Kaum gestattet die reducirte Behandlung und sehr flüchtige Durchführung diese Eingangshalle als einen Wiederherstellungsbau aus der Zeit des Tiberius aufzufassen, und dennoch mufs sie spätestens dieser Epoche angehören, weil nirgends die so leicht erkennbaren gehäuften Zierformen der spätrömischen Baukunst sich vorfinden. Neben dieser meines Wissens hier zum ersten Male bekannt gewordenen Stadion-Eingangshalle sind die Sitzstufenreihen durch hohe Schenkelmauern abgeschlossen. An der rechten Seite steht als Abschlufs ein grofser (schon öfters abgebildeter) Marmorbogen auf simirten und zahnschnittbesetzten Kämpfern, der wegen seiner Zusammenfügung aus älteren inschriftreichen Prachtquadern, sowie wegen der charakteristischen Kämpferformen der altchristlichen Epoche entstammt, aber weil er den Zugang zu einer mit Felsgräbern besetzten Strafse auf den Pion eröffnet, bereits ein älteres Thor ersetzt haben mufs. Die linke Seite erscheint in ähnlicher Weise aber in schlechterer Technik — nur in Cubusquaderreihen — abgeschlossen.

Das ebenfalls in den Westabhang des Pion eingebettete Theater A ist eine der mächtigsten Anlagen dieser Denkmälerklasse, leider stark verschüttet. Der Durchmesser beträgt über 200 M.; zwei Diazomata und eine Säulenhalle auf dem obersten Umgange sind erkennbar, aber die Treppenzahl ist ohne Aufgrabung nicht zu ermitteln. Wohlerhalten stehen die schräg geführten Schenkelmauern aus grofsen, schwarz gewordenen

Marmorquadern über 33 M. hoch aufrecht; dagegen ruht ein Schuttberg über dem aus dem edelsten Materiale erbaut gewesenen Skenengebäude. Seit Mr. Woods gemachten, keineswegs erschöpfenden Ausgrabungen, welche Statuen und Reliefs geliefert haben, ist hier ein unbeschreibliches Chaos von Baustücken entstanden, zu dessen kunstwissenschaftlicher Bewältigung behufs einer zuverlässigen Aufnahme mehr Zeit und Hülfsmittel gehörten, als wir besafsen. Die umherliegenden Trümmer lassen zwei Bauepochen, eine hellenistische Grundanlage und einen römischen Umbau erkennen. Schöne Säulenschäfte von poliertem Granit, von afrikanischem und synnadischem Marmor, zum Theil noch auf ihren Stylobaten stehend, ionische Kranz- und Kassettenblöcke, sowie Friesstücke mit Reliefs und mehre Statuentorsen lassen die ehemalige glänzende ja überreiche Ausstattung erkennen. Nirgends wäre eine umfassende Ausgrabung mehr am Platze als hier, da die tief verschüttete Orchestra höchstwahrscheinlich noch unangetastet liegt und langerwünschte Aufschlüsse über die Thymele des griechischen Theaters gewähren würde. Die axenmäfsige Stellung des **Theaters zur Hafeneinfahrt** begründet die Vermuthung, dafs beide **gleichzeitig und nach einem Plane**, höchstwahrscheinlich unter Lysimachos angelegt worden sind. Denn unverkennbar hat der vom **Pilgerhafen am Artemision** wohl zu unterscheidende **Stadthafen** in hellenistischer Zeit bis an den Pionabhang gereicht und ist erst unter römischer Herrschaft theils wegen Verschlammung, theils wegen dringend gebotener Stadterweiterung künstlich durch einen breiten Damm zurückgedrängt worden, um die Anlage eines stattlichen von Norden nach Süden gerichteten **Forums** zu ermöglichen. Dabei hat man einen Theil des alten Hafenbeckens in der Form eines oblongen Bassins, in dessen Centrum auf einer Insel eine kleine Bauanlage (Heroum?) stand, konservirt und mit Portiken und öffentlichen Gebäuden umringt. Mit dieser Auffassung stimmt die Lage der alten aber nur in einem römischen Umbau erhaltenen **Agora** zwischen dem Theater *K* und dem **Tempel des Claudius** *M* an der Südostecke des Hafens überein.

Auch das **Odeion** *O* auf dem hohen Sattel zwischen Koressos und Pion gelegen und in den Südhang des letzteren eingeschnitten gehört zu der lysimachischen Stadtanlage. Es ist etwas kleiner als das des Herodes Atticus zu Athen, aber ähnlich disponirt und mit gleicher Pracht aus weifsem Marmor erbaut. Der Durchmesser betrug über 60 M.; fünf Treppen theilten die Sitzreihen, von denen die neun unteren wohlerhalten und mit ihrer Höhe von 0,39 M. und Tiefe von 0,36 M. gut mefsbar sind; alle Stufenbahnen waren rechts und links von Löwentatzen eingefafst; oben bildeten korinthische Säulen mit herrlichen rothen Granitschäften eine bedeckte Stoa. Ein Theil des Skenengebäudes ist aufgegraben; die dadurch sichtbar gewordenen auffallend hohen Unterquadern und die Einrahmungen der Hauptthür und der beiden Nebenthüren zeigen attischen Einflufs, so dafs die erste Anlage noch der hellenistischen Epoche angehört, während zwei römische Umbauten derselben gefolgt sind. Grofse Bogennischen an den Proskenien mit architravirten Bögen und kleinlich profilirten dorisirenden Pfeilerkapitellen sind hierfür beweisend, ebenso Inschriften aus der Zeit des Antoninus Pius. Einzelne aus dem Schutte hervorgezogene korinthische Akanthus-Capitelle mit drei Blattreihen lassen sogar einzelne für das III. Jahrhundert charakteristische Rohheiten und Nachlässigkeiten erkennen. Die äufsere Ringmauer ist mit grofsen Quadern bekleidet und mit Strebepfeilern besetzt.

Vom **Hippodrom** ist bisher keine Spur gefunden worden. Sicher lag er in der

Kaystros-Ebene und daher entweder an der Nordseite des Pion (etwa bei *D*) oder an seinem Ostfuſse in der Gegend der groſsen Steinbrüche und der Siebenschläfergrotte. Die Ringmauern auf dem Pion und dem Koressos bilden eine der ausgedehntesten Befestigungsanlagen, welche aus dem griechischen Alterthum gerettet worden sind. Leider verhinderte Zeitmangel eine eingehende Untersuchung der mit Thürmen wohlbewehrten Ringmauer auf dem Koressos. Nur ihr westlicher Abschluſs, ein citadellartiger Wartthurm, das sogenannte St. Pauls Gefängniſs *T* wurde spezieller untersucht, da dieser Bau von den meisten älteren Reisenden gar nicht oder nur oberflächlich gewürdigt worden war. Am äuſseren Westende der Stadt, wo ein hoher Bergsattel den sich neigenden Kamm des Koressos mit der Felshöhe von St. Pauls Gefängniſs verbindet, steigt die Koressos-Mauer mit geschickter Terrainbenutzung herab und hat da, wo zwei Straſsen, eine Thal- und eine Bergstraſse, zusammentreten, ein leider zerstörtes Thor, das koressische Thor besessen (S. 31). Etwas nördlich davon biegt die Mauer wieder nach auſsen und wird durch einen stattlichen groſsquadrigen Thurm (von 8,20 M. Länge zu 7,70 M. Breite) in isodomer Technik gedeckt. Oestlich von demselben und jenseits einer steilen Schlucht erhebt sich auf einer 30—35 M. hohen und schroffen Felskuppe, die als leicht zu vertheidigende Naturwarte frühzeitig zur Ansiedlung locken muſste, der stolze Wartthurm, der den Namen St. Pauls Gefängniſs trägt. Es ist ein nahezu quadratischer Thurm von 15,50 M. zu 14,60 M., den zwei sich kreuzende Innenmauern in allen Etagen in vier Räume theilten (S. 25). Noch stehen anderthalb Geschosse von diesem ohne Mörtel erbauten Befestigungsprachtbau; die Stärke der Mauern beträgt 1,46 M.; die Structur ist als Emplekton mit durchgehenden Quaderbindern erfolgt. Die Auſsenquadern zeigen sich als schlichte Buckelquadern ohne Randbeschlag und wuchtiger als die der servischen Mauer oder des Augustus-Forums zu Rom. Die vier Erdgeschoſsräume sind durch schmale spitzbogig überkragte Thüren mit einander verbunden. Auch die auf der Ostseite gelegene Hauptpforte von 1,52 M. Breite zu 2,30 M. Höhe ist spitzbogig überkragt gezeichnet aber nicht überwölbt worden. Die 0,47 hohen und 0,22 M. breiten Balkenlöcher beweisen, daſs auch im Innern keine Wölbung, sondern nur starke Holzüberdeckung vorhanden war. Die Quaderhöhe beträgt durchschnittlich 0,52 M. zu einer Länge von 0,70 bis 1,20 M. Nach Norden stieg ein abgestufter mit absteigenden Zinnenwänden besetzter Mauergang in rechtwinkliger Führung zu einem kleinen auf einer niedrigeren Klippe stehenden Vorthurme nieder, welcher gleichzeitig hergestellt worden ist, um in demselben mittels einer versteckten Treppe den gesicherten Zugang zu einer am Fuſse des ganzen Vorgebirges sprudelnden Quelle zu gewinnen. Die ganze hochinteressante Anlage erinnert lebhaft an verwandte mittelalterliche Fortifikationen ähnlichen Zweckes besonders an den Ordensschlössern zu Marienburg, Marienwerder und Thorn. Leider ist es nicht gelungen, die Fortsetzung der Mauer bis zum Hafen hin verfolgen zu können; höchstwahrscheinlich ist dieselbe unten wegen der leichten Zugänglichkeit früh zerstört worden.

Die Ringmauer auf dem Pion ist ebenfalls nur in Bruchstücken erhalten. Auf einzelnen Strecken stehen noch 15—20 Quaderschichten über der Erde. Die Stärke beträgt 3,25 M.; zur Flankenvertheidigung sind Thürme von 8 M. Front zu 4,20 M. Tiefe angeordnet; das im Sattel zwischen beiden Pionkuppen anzusetzende, weil durch die Terrainbildung bedingte Hauptthor ist vollständig verschwunden. Besser erhalten ist ein dreipfortiges von 13 M. zu 15 M. groſsen und stark vortretenden Seitenthürmen flankirtes

Thor zwischen dem Pion und Opistholepria südlich von *S*. Da dieses Thor rechts den Weg nach Magnesia, links die Hauptstrafse zum Artemision, an welcher aufserhalb der Stadtmauern Mr. Wood das Grabmal des Androklos aufgefunden zu haben glaubt, eröffnete, so darf dasselbe fortan mit Sicherheit als das magnesische Thor bezeichnet werden. In der technischen Behandlung wie im grofsen Maafsstabe entspricht dasselbe dem Koressos-Wartthurme, nur hat es in römischer Zeit einen etwas zierlichen Umbau mit neuen marmornen Thürrahmen erlitten, bei welcher Gelegenheit auch zwei mit Reliefs geschmückte Sarkophage vor der Feldseite aufgestellt worden sind. Zahlreiche Statuen-Basen, Friese spätrömischer Kunst, Gladiatorenkämpfe und Züge von Lastwagen darstellend, sind hier gefunden worden. An der Hauptstrafse nach dem Artemision stehen in den theilweis noch offenen, theilweis wieder zugeschütteten Gräben lange Doppelreihen marmorner, aber mit schmuckloser Einfachheit behandelter Sarkophage und Grabaltäre, deren zusammenhängende Lage und Führung auf der Terrainskizze als Gräberstrafse bezeichnet ist.

Die übrigen Reste monumentaler Baukunst stammen aus der Zeit der römischen Herrschaft; selbst diejenigen Gymnasien, welche ihrer Grundanlage nach noch der hellenistischen Epoche angehören müssen, haben in Folge der durch Erdbeben hervorgerufenen Umbauten so bedeutende Veränderungen erlitten, dafs fast jedes charakteristisch alte Gepräge verloren gegangen ist. Das besterhaltene Gymnasium ist das opistholepreische, auf dem Plane mit *S* bezeichnet. Schon Pococke, Arundell und Chandler haben dasselbe beschrieben, Revett und Falkener Messungen und Zeichnungen davon publicirt. Es ist ein oblonger durchweg gewölbter Bau von 107 M. Frontlänge zu 88 M. Tiefe. Vor der Hauptfront lag jenseits einer auf Marmorstufen erhobenen Stoa der buschreiche Xystus, von Hallen umringt; hinter demselben das Hauptgebäude, an den beiden Tiefseiten und der Hinterseite mit einem 11 M. breiten gewölbten Korridore (Diaulos) umgeben. In der Frontmitte befand sich der mit drei Kreuzgewölben überdeckte Hauptsaal (Ephebeion) von 15 M. zu 28 M.; neben demselben das Konisterion, Korykeion u. s. w. Hinter dieser die Palästra bildenden Vorderhälfte folgten die Baderäume mit dem Apodyterion in der Mitte; die Räume für Schwitz- und Kaltbad an den Seiten. Diese Baderäume zeigen schon eine stattliche Entwicklung, aber sie sind nicht — wie in den römischen Thermen — das Überwiegende. Auch fehlt es im Grundrisse selbst an jeder höheren künstlerischen Verknüpfung zwischen Palästra und Therme. Die geschützte Lage des ganzen Baues und die Anordnung der Übungssäle an der Mittagsseite, sowie mehrfach erkennbare Luftheizungsröhren gestatten die Vermuthung, dafs dieses Gymnasium überwiegend in der winterlichen Jahreszeit benutzt wurde. In technischer Beziehung lassen sich zwei Bauzeiten unterscheiden; die der hellenistischen Gründung und die eines umfassenden römischen Restaurationsbaues. Der hellenistische Bau war aus grofsen weifsen, — jetzt schwarzgrau gewordenen — Marmorquadern erbaut und besafs bereits Backsteingewölbe. Er stand auf hoher Krepis, zu der drei Stufen emporführten; ionische Zahnschnittgebälke schmückten ihn und architravirte Bögen fehlten nicht. Die erste Anlage darf noch dem III. Jahrhundert v. Chr., der römische Restaurationsbau der Mitte des I. Jahrhunderts n. Chr. zugeschrieben werden.

Zwei andere Gymnasien liegen an der Westseite des Pion, das eine neben dem Theater, das andere dicht am Hafen *L*. Das erstere zeigt in der Plandisposition grofse Verwandschaft mit dem opistholepreischen und beweist durch seine Lage zwischen Agora und Stadion die frühe Gründung; doch sind bei der starken Zerstörung ohne eine umfassende Ausgrabung weitere Aufschlüsse schwer zu gewinnen. Nur ist auch hier ein römischer Um- und Erweiterungsbau gesichert. Das am Hafen belegene Gymnasium *L* bildet eine grofsartige Ruine und hat deshalb, sowie seines labyrinthartigen gewölbten Unterbaues halber oft als Artemision-Ruinenstätte gegolten. Aber gerade der künstlich geschaffene und mit grofsen Kosten hergestellte Bauplatz auf alter Hafensohle spricht für die späte Erbauung. Auch hier wie am Theatergymnasium waren die Säle und Hallen mit backsteinernen Tonnen- und Kreuzgewölben bedeckt, während die Mauern und Pfeiler aus Marmorquadern bestanden. Die Abmessungen bei *L* sind schon sehr grofs; sie erinnern an den Maafsstab der Kaiserthermen zu Rom. Der Mittelkorridor, der das Gebäude in südnördlicher Richtung der Länge nach durchschneidet, ist 155 M. lang und 17 M. breit. Links von demselben liegt in der Mitte der mit Kreuzgewölben auf acht Granitsäulen überwölbte Hauptsaal von 37 M. und 20 M. Die acht Widerlagpfeiler sind in kolossalen Maafsen (9 M. tief) und ohne seitliche Durchbrechung ausgeführt worden, sodafs die sonst üblichen Seitenschiffe hier nur als 7¼ M. tiefe Nischen erscheinen. Da sich hierdurch die ganze Anlage als eine Vorstufe für die Titus-, Caracalla- und Diocletians-Thermen zu erkennen giebt, so darf die Zuschüttung und Hinausrückung des Hafens mit einiger Wahrscheinlichkeit bereits in die erste Hälfte des I. Jahrhunderts n. Chr. gestellt werden, zumal diese Zuschüttung durch die nothwendige Beseitigung der ungeheuren Schuttmassen nach dem bekannten grofsen Erdbeben unter Tiberius veranlafst worden und durch Claudius beendigt sein kann.

Nördlich von dem Stadion, jenseits der grofsen Feststrafse sind noch auf künstlich geschaffenem Terrassenunterbau die stark reducirten Reste eines stattlichen Gebäudes *H* erhalten, welches aus grofsen gewölbten Sälen, kleineren Nebengemächern und sehr breiten Korridoren bestehend, bald für einen Palast, bald für ein Gymnasium gehalten worden ist. Die bevorzugte Lage längs der Nordseite der Stadtmauer und unmittelbar auf derselben aufgesattelt, mit der unbehinderten Aussicht auf das Meer, die Häfen, den Flufs und das Artemision, sowie die gesicherte Existenz eines prachtvollen von Hallen umringten Terrassengartens an der Hinterseite begründen die Annahme, dafs an dieser Stelle der Amtssitz eines höheren römischen Verwaltungsbeamten (des Prätors) zu suchen ist. Auch hier wäre eine sorgfältige Ausgrabung von besonderem Interesse.

Das mit *N* bezeichnete in der Nähe der Stadtquelle gelegene Gebäude, welches nur flüchtig untersucht werden konnte, giebt sich als ein sehr loses, aus älteren Strukturtheilen zusammengesetztes Konglomerat zu erkennen. Am Fufse des Bergsattels steht ein Mauerrest von grofsen Quadern, der anfangs imponirt, bald aber als Theil eines eilig und nachlässig errichteten Befestigungswerkes erkannt wird, weil lange Architrave rücksichtslos darin verbaut sind und der ganze Bau quer durch eine kleine Konebenkirche läuft. Die letztere ist tief verschüttet; was von ihr sichtbar ist, zeigt sich als ärmliche Bedürfnifsbaukunst.

Von gröfserem Interesse sind die in diesem Stadttheile befindlichen Tempel und Prachtgrabmäler. Mit Ausnahme des Tempels des Claudius, der dicht an der Agora liegt, befinden sich die andern drei Tempel und vier imposante Grabmäler auf dem Sattel zwischen Pion und Koressos und zwar so geordnet, dafs die Tempel auf dem Südhange des ersteren und die Gräber am Nordfufse des letzteren stehen. Der Tempel des Claudius

M, fast genau nördlich orientirt, auf hohem Unterbau stehend und dem Kaiser wegen der unter seiner Regierung glücklich vollendeten Forumanlage wahrscheinlich grade an dieser Stelle errichtet, bildet jetzt einen bewachsenen Trümmerhaufen. Nach älteren Berichten war es ein viersäuliger korinthischer Bau *in antis*, von mittelgrofsem Maafsstabe und nur in der Front aus Marmor errichtet. In neuerer Zeit sind seine Reste stark zusammengeschmolzen. Die beiden andern Tempel mit *U* und *W* bezeichnet, sind nach Osten orientirt. Der erste derselben war wegen tiefer Verschüttung bisher unbekannt und ist durch Mr. Wood nur theilweis aufgedeckt worden. Er war in mittelgrofsem Maafsstabe ganz aus weifsem Marmor erbaut worden, die Frontsäulen, vermuthlich sechs an der Zahl, besafsen glatte Schäfte von edlem violett gestreiftem Marmor; die Basen waren attisch, die korinthischen Capitelle zweiblattreihig, die Antencapitelle compositer Version. Diese charakteristischen Eigenthümlichkeiten sowie die zweitheiligen Architrave mit füllungsartiger Unterfläche und die gebauchten Friese entscheiden für eine späte Herkunft, vielleicht aus der Mitte des II. Jahrhunderts n. Chr. Der Tempel *V* steht auf einem stattlichen Unterbau von 9 hohen Quaderschichten, an dessen Nordseite die antike Fahrstrafse wohlerhalten aufgedeckt hinabsteigt. Es war ein im römischen Schema gebauter achtsäuliger Prostylos, etwa 23 M. breit und 52 M. tief, einschliefslich der dreischiffigen 30 M. tiefen prostylen Vorhalle. Den spätionischen schlichten Basen fehlt die obere Spira; die nur an der Südseite mefsbare Axenentfernung der 0,54 M. starken Säulen beträgt 2,40 M. Auf den mit 24 Cannelüren versehenen Schäften ruhten sorgfältig in Meifselarbeit durchgeführte Capitelle theils compositer, theils ionischer Version; die letzteren mit einfachen Voluten in der Front, aber mit weit heraustretenden Kuhköpfen an beiden Seiten. Diese seltsame, meines Wissens hier zum ersten Male vorkommende Composition ist sehr geschickt durchgeführt, indem die Thierköpfe mit ihren fleischigen Hälsen zwar sattelholzartig weit hervorragen — die Totallänge beträgt 1,46 M. bei einer Tiefe von 0,65 M. — aber sich an die doppel-kelchförmig gestalteten Volutenseiten trefflich anschliefsen und nur dieselbe Höhe beanspruchen, als das balslose echt ionische Capitell. Mit Sicherheit läfst sich aus dieser im Gegensatz zur Centralform so charakteristisch die Richtung aussprechenden Kunstform die Annahme gewinnen, dafs die kuhköpfigen Capitelle an den beiden inneren Säulenreihen des dreischiffigen Prostylos angeordnet gewesen sind, — ähnlich wie es mit den ionischen Säulenreihen der Propyläen zu Athen und Eleusis im Gegensatz zur dorischen Front geschehen ist, — während die compositen Capitelle, durch ihre Centralform an jedem Punkte verwendbar, die drei äufseren Säulenreihen des Prostylos schmückten. Der ganze Tempel war trotz der gröfseren Säulenzahl im Maafsstab kleiner als der des Claudius.

Dem Odeion gegenüber, auf hoher künstlich geschaffener Terrasse steht halbverschüttet, halb aufgedeckt, ein stattliches antikes Grabmal *P* ähnlich dem bekannten Prachtbaue der Via Appia, dem Grabthurme der Caecilia Metella. Das hiesige ist gröfser, weil fast 25 M. im Durchmesser, aber weniger reich und schön gestaltet. Zwei aus kleinen Quadern erbaute niedrige Cylinder mit zierlichen Kranzgesimsen bekrönt, bilden übereinanderstehend, — der obere etwas schmaler, als der untere — den Unterbau, und ein flacher Kegelhügel, der wahrscheinlich mit Cypressen bepflanzt war, bildete den oberen Abschlufs. Korinthische Säulen auf runden Stylobaten scheinen zu dem einschliefsenden Peribolus gehört zu haben. Die Gesammtanlage besitzt alle Kennzeichen eines Baues der römischen Spätzeit. In der Nähe sind drei Piedestale für Reiterbilder, deren Front nach der Hauptstrafse gerichtet war, ausgegraben worden. Hinter dem grofsen rogusartigen Grabmal zwischen P und Q folgt ein sehr stark verschüttetes Backsteingebäude, welches mit drei Tonnengewölben, die auf Marmorpfeilern ruhen, sich nach einem Hofe öffnet, in welchem inschriftsreiche Piedestale aufgerichtet sind. Eins derselben ist für Vedius Antoninus von der Zunft der *lanarii* gesetzt worden.

Neben dem letzten Grabesbau folgt an derselben Seite in der Richtung zum magnesischen Thore hin eine flache Mulde, von höheren Terrassen flankirt. Im Hintergrunde derselben bei Q liegen kolossale Krepisquadern in zwei Reihen etwa 9 M. lang und darüber erstreckt sich ein trümmerbedecktes bisher unerforschtes Plateau.

An derselben Seite des Weges und immer auf gleicher Terrassenhöhe liegt ein dritter Grabesbau, der den auffallenden Namen Grab des heiligen Lukas führt. Erhalten ist ein mit weifsen Marmorplatten bekleideter cylindrischer Unterbau von 20 M. Durchmesser, dessen Innenraum mittels eines ringförmigen Tonnengewölbes, welches einerseits auf einem starken runden Mittelpfeiler, andererseits auf der dicken von zwölf Fenstern durchbrochenen Aufsenmauer aufsattelt, überdeckt ist. Diese Struktur stimmt ganz mit der entsprechenden am Gordianer Grabmale (dem sog. Torre di Schiavi) an der Via Prünestina und dem Heronm des Romulus, Sohnes des Maxentius, an der Via Appia zu Rom überein, trägt aber in der künstlerisch feinen Ansstattung der Details, besonders der Plinthe und der Fensterumrahmungen, das Gepräge einer älteren Epoche, höchstwahrscheinlich der vom Schlusse des I. Jahrhunderts. Die Vermuthung liegt nabe, dafs der Oberbau als ein peripteraler Kreisbau von zwölf Säulen gestaltet war, wie die sogenannten Vesta-Tempel zu Tivoli und Rom. Doch scheint derselbe frühzeitig untergegangen zu sein, — wahrscheinlich durch Fortnahme und Wiederbenutzung der Peripteral-Säulen — denn schon in altchristlicher Zeit ist der Unterbau von der Südseite her erbrochen worden, um den Innenraum aufs Neue zu benutzen. Dabei hat man in sehr mittelmäfsiger Technik eine kleine Kapelle eingerichtet und den Eingang mit zwei marmornen, weit vortretenden Antenpfeilern geschmückt, von denen der links stehende, völlig glatte zwar zertrümmert, aber in seinen Bruchstücken noch erhalten ist und der rechts stehende noch heut in der Stirnfläche innerhalb seines Rahmenwerkes ein schlankes altchristliches Kreuz und darunter einen schreitenden Stier, beides noch in echt antiker Behandlung zeigt, so dafs hierdurch die christliche Herkunft und traditionelle Bezeichnung aufser Frage stehen.

Berlin, im April 1872.

Fr. Adler.

Pergamon.

(Tafel III.)

Wir finden an dem ganzen Gestade des westlichen Kleinasiens eine zwiefache Reihe von Niederlassungen, die der hellenischen Küstenorte und die der landeinwärts gelegenen Städte älteren Ursprungs, welche, wenn auch durchschnittlich nur eine halbe Tagereise vom Meere entfernt und in offenen Flussthälern gelegen, dennoch zur Mesogaia gerechnet wurden. So die Binnenstädte der dorischen Hexapolis im Gegensatze zu denen des Uferrandes (χύρη τετραμμένη ἐς πόντον Her. I, 174), und ganz ähnliche Verhältnisse finden wir in Ionien und Aeolis. Strabo beginnt nach der Periegese der Küstenstädte einen neuen Abschnitt, indem er zur Mesogaia von Mysien übergeht und mit Pergamon anfängt.

Die Städte der hinteren Reihe sind festgelegene Centralpunkte der unteren Flussthäler, bestimmt dieselben zu beherrschen und ihren Einwohnern Schutz zu gewähren. Man sieht ihrer Lage an, dafs sie in einer Zeit entstanden sind, da das Gestade in den Händen seemächtiger Stämme war, denen man die Häfen nicht streitig machen konnte, den Eintritt in das Binnenland aber sperren wollte. Nach Gründung der Küstenstädte sind die Binnenorte mit diesen in so nahen Verkehr getreten, dafs schon vor der Zeit des Hellenismus der Unterschied älterer und jüngerer Ansiedelung mehr und mehr verwischt wurde; es war ähnlich wie in Campanien, wo die alten Landstädte wie Capua und Nola allmählich so in das Culturleben der Colonien hereingezogen worden sind, dafs man die Fremde und Einheimische scharf zu trennen aufser Stande ist.

Die hintere Reihe der kleinasiatischen Küstenstädte hat für die alte Völkergeschichte ein hervorragendes Interesse, weil sie recht auf der Gränzscheide asiatischer und europäischer Cultur liegen, und in der Reihe dieser Städte ist keine an Wichtigkeit mit Pergamon zu vergleichen, von den wir im Stande sind einen Plan vorzulegen, welchen wir Herrn Carl Humann verdanken, dem seit einer Reihe von Jahren in Bergama angestellten und von der Landesregierung mit der Leitung des Strafsenbaues betrauten Architekten; der Plan ist dem von Texier an Vollständigkeit und Genauigkeit weit überlegen und so wenig wir darauf Anspruch machen können, für die Topographie der Stadt etwas Vollständiges und Fertiges zu geben, so ist doch das Material für dieselbe so ansehnlich erweitert und über die dortigen Denkmäler so viel neue Kunde gewonnen, dafs es eine Pflicht ist, diese Erwerbungen der Wissenschaft zugänglich zu machen, um zu weiterer Arbeit Stoff und Anregung zu geben.

Pergamon hat im Kaïkosthale eine ganz ähnliche Lage, wie die binnenländischen Städte am Maeander, namentlich wie Magnesia, an dem Nordrand oberhalb der Niederung, von den zum Flusse hinabströmenden Bächen umspült. Es unterscheidet sich aber von allen ähnlich gelegenen Städten durch centrale Stellung und ungewöhnliche Festigkeit. Denn es war nicht nur für das eigene Flufsthal, sondern auch für das Gestade an den beiden grofsen Seebuchten von Aeolis das natürliche Centrum (ἔχει τινὰ ἡγεμονίαν πρὸς τοὺς τόπους τούτους Str. 623), und was hier an Ortschaften zerstreut lag, gehörte zu dem unmittelbaren Landbezirke von Pergamon (τὰ περὶ Ἰλ. χώρία μέχρι τῆς θαλάττης καὶ κατὰ τὸν Ἐλαίτην κόλπον καὶ τὸν Ἀδραμυττηνόν Str. 624).

Dennoch können wir diese Berghöhe, die πρώτη κορυφὴ τοῦ Ἰωνους, wie sie Aristeides p. 771 nennt, nicht so wie das troische Pergamon oder wie die Tantalidenstadt am Sipylos als ein altes Reichscentrum nachweisen. Die ältesten Überlieferungen, in denen sich eine Kunde von den geschichtlichen Verhältnissen an der Westküste Kleinasiens erhalten hat, geben über das Kaïkosthal hinweg und zeigen uns die dardanischen Könige als unmittelbare Nachbarn der Tantaliden. Keine Sagen sind vorhanden, durch welche das Reich des Teuthras und die Urgeschichte der mysischen Stämme im Kaïkosthale aus in festeren Umrissen entgegentreten. Denn der Telephosmythos hat nur den Zweck, eine ursprüngliche Verwandschaft zwischen der Bevölkerung des Kaïkosthals und den Hellenen jenseits des Archipelagos zum Ausdruck zu bringen und er wurde ins Besondere benutzt, um die äolischen Colonien mit dem Hinterlande in freundschaftliche Verbindung zu bringen. Dahin gehört die Anknüpfung des Pergamos an das Geschlecht der Aeakiden (Böckh zum C. Inscr. Gr. II p. 856) und der Telephiden an das Apolloheiligthum zu Gryneion (Meineke Anal. Alexandr. p. 78).

Die erste geschichtliche Kunde von einer Stadt oder Gemeinde Pergamon würde die Nachricht von der Bestellung des Apollokolosses bei Onatas sein, wenn diese Thatsache so feststände, wie bisher von den Kunsthistorikern angenommen worden ist (Brunn Gesch. der Gr. Künstler I, 91 und Rathgeber Onatas in der Hall. Enc. S. 421). Pausanias, welcher in Betreff der pergamenischen Alterthümer sich besonders wohl unterrichtet und sorgfältig zeigt, spricht VIII, 42 nur von dem Vorhandensein des Kolosses in Pergamon (man vergleiche damit den Ausdruck in Betreff des S. 18 besprochenen Werks von Bupalos: Συργησίοις ἄγαλμα ἐργησόμενος Τύχης IV 30); es ist also durchaus möglich, dafs der berühmte Kolofs erst in späterer Zeit nach Pergamon gebracht worden ist, und die Chariten des Bupalos in Attalos' Gemache (Paus. IX, 35, 2) beweisen, dafs man auch alte Kunstwerke sammelte und Werth darauf legte, die verschiedenen Epochen der hellenischen Kunst in hervorragenden Exemplaren bei sich vertreten zu sehen.

Also haben wir keine sichere Kunde über die Verhältnisse im unteren Kaïkosthale vor der Anwesenheit Xenophons in Mysien, über welche er an zwei Stellen (Anab. VII, 8, 9 Hellen. III, 1, 4) berichtet. Seine Mittheilungen, so flüchtig und dürftig sie sind, beleuchten dennoch in sehr lehrreicher Weise auch die früheren Zeiten, bis in die Regierung des Dareios hinauf. Wir sehen nämlich, dafs der Grofskönig die Familie des Demaratos hier angesiedelt hatte und ebenso die Häupter der Partei, welche Eretria den Persern übergeben hatte. Wir erkennen darin eine der politischen Mafsregeln, welche von Seiten der continentalen Mächte angewendet wurden, um ihre schönsten und zugänglichsten Landschaften zu sichern. Wie die Lyder zu diesem Zwecke im Maiandros- und Hermosthale die Griechenstädte auflösten (S. 16 ff.), so suchten die Perser das untere Kaïkosthal in der Weise zu schützen, dafs sie griechische Emigranten mit Land und Leuten daselbst belehnten, Personen, von denen man überzeugt sein konnte, dafs sie um ihres eigenen

Lebens willen die anvertrauten Plätze im Falle drohender Gefahren mit voller Energie vertheidigen würden, die zugleich bereit und geneigt wären, bei jeder erneuerten Offensive die wirksamsten Dienste zu leisten, die endlich für Anbau und Hebung des Landes am Besten sorgen könnten.

Uebrigens liefsen auch die Perser nach lydischem Vorgang keine grofse Stadt sich bilden, sondern neben Pergamon bestanden Teuthrania und Halisarna; diese drei Orte unter den Nachkommen Demarats, während Gambreion und Palaigambrion, Myrina und Gryneion unter die Nachkommen der Gongylos aus Eretria vertheilt waren. Wenn es also in der Anabasis heifst, dafs Xenophon in Pergamon von Hellas, der Frau des Gongylos, gastlich aufgenommen worden sei, so scheint der Name hier die ganze Gegend zu bezeichnen, deren natürlicher Vorort Pergamon war.

Die Stadtlage war nicht blofs durch Festigkeit ausgezeichnet, sondern auch durch Klima und seltene Fülle von Wasser. Jeder Reisende, welcher von Ionien kommt, wird von der frischen und gesunden Luft in Bergama auf das Wohlthuendste überrascht; man fühlt hier auch im Sommer nur wenig von den Beschwerden, an denen man in Smyrna zu leiden hat.

Zwei kleine, wasserreiche Bäche strömen in tief eingeschnittenen Thälern an der Ost- und an der Westseite des langgestreckten Schlofsberges herunter. Der westliche tritt, wo sein Thal sich erweitert, in das alte Stadtgebiet ein, das er von NW nach SO durchströmt. Das ist also der Selinus (qui intermeat Pergamum Plin. V, 30), während der andere (Kestell - deresi) östlich in weiterem Thalbett an der Stadt vorüberfliefst, der alte Ketsios (Cetius bei Plinius a. a. O.). Der Selinus hat wiederum seine Nebenbäche, wie namentlich die Wasserschlucht, welche durch das Amphitheater geht, und quellenreiche Uferhöhen. Eine halbe Stunde von der Stadt entfernt strömt der Kaïkos, dessen Bett 15 Meter unter dem Niveau der Stadt liegt und 25 über dem Meere. Im Winter die Ebene überfluthend, hat er auch im Hochsommer immer einen Fufs Wasser bei 30 bis 60 Fufs Breite. So lange die Quellgebirge ihre Waldung hatten, waren die Verhältnisse ungleich günstiger und da der Flufs von Somah bis zum Meere ein durchschnittliches Gefälle von 1 zu 1000 hat, so konnte er in alten Zeiten gewifs auch zur Schiffahrt benutzt werden. (Ich verdanke die genaueren Angaben den Mittheilungen von Herrn Hamann, von dem wir eine genauere Erforschung des ganzen Kaïkosthals erwarten dürfen.) So war Pergamon einerseits mit der See, andererseits mit dem Innern durch bequeme Landwege verbunden, und mit Allem, was zu einer wohlgelegenen Stadt gehört, auf das Vollkommenste ausgestattet.

Ein in jeder Beziehung so ausgezeichneter Platz mufs von frühsten Zeiten her bewohnt gewesen sein, und die ältesten Spuren von Ansiedelung finden sich auch hier dem Felsboden eingegraben, besonders an zwei Stellen. Erstlich am Südfufse der Burg (p) oberhalb der jetzigen Stadt, etwa 200 Fufs über der Ebene. Hier ist eine zusammenhängende Gruppe von Wohnungen wohl erkennbar, indem die Grundflächen der Häuser, wie in Athen, rechtwinklicht ausgehauen sind. Man findet Räume von sechs Meter Breite, zwischen denen auch zum Theil noch die Grundfesten der Wände erhalten sind. Dazu gehören Wege von 0,60 Breite, Treppen und tief eingeschnittene Wasserrinnen von 0,14 Breite.

Noch merkwürdiger sind die ähnlichen Anlagen am Selinus nördlich vom Stadium, weil hier eine heilige Stätte unverkennbar ist. Eine 22 Meter hohe Felsklippe mit einer gegen ●. gerichteten Nische, ist von zahlreichen Vertiefungen und Absätzen zur Aufstellung von Weihgeschenken umgeben; darunter eine Felsbank mit Sitzstufen und geebnetem Vorplatz. Daran schliefst sich im Norden eine zusammenhängende Gruppe alter Wohnplätze von G M. Breite nebst Wasserrinnen und deutlich ausgemeifselten Felswegen.

Mit dem Klima und dem Wasserreichthum von Pergamon hängt der Dienst des Asklepios zusammen, welcher ursprünglich ein den Kabiren verwandter Dämon, später dem hellenischen Heilgotte gleichgestellt wurde; eine Umgestaltung, welche einem besondern Zuzuge hellenischer Bevölkerung, den von den systematischen Bearbeitern pergamenischer Alterthümer sogenannten δευτέρα ἀποικία ἐκ τῆς Ἑλλάδος (Aristeides p. 520) zugeschrieben wurde. Das Asklepieion bildete mit allen seinen Anlagen ein besonderes Quartier am äufsersten Ende der Stadt, wo heilspendende Quellen flossen. Von hier gingen die Kurgäste einerseits den Selinus aufwärts, um im Gebirgsflusse zu baden, ehe er in die Stadt eingetreten war (Arist. p. 302), andererseits nach dem Kaïkos oder endlich nach Elaia zum Seebade.

Bis Alexander haben wir uns also den Zustand so zu denken, dafs die ummauerte Burghöhe bestimmt war, die reiche Kaïkosebene zu überwachen und in Kriegszeiten als Rückzugsort zu dienen, während am Fufse die heiligen Plätze mit ihren Umgebungen gelegen waren und eine städtische Ansiedelung, ein unteres Pergamon, welches mit den anderen genannten Orten (den πολίσματα τῆς Μυσίας Arist. p. 338) eine Gruppe benachbarter Niederlassungen bildete.

Unter Eumenes II erfolgte die grofse Neugründung, die Verbindung von Ober- und Unterstadt, die Verschmelzung der Nachbarorte (der Synoikismos der ἀστυγειτόνες Arist. p. 520) und das Entstehen einer Grofsstadt, die Aristeides eine 'Versammlung von Städten' nennt; ein Ausdruck, welcher sich dadurch erklärt, dafs einzelne Theile der älteren Niederlassungen, namentlich das grofse Asklepieion, als besondere Quartiere bestehen blieben (τὸ τελευταῖον τμῆμα τῆς πόλεως ὁ τῷ Σωτῆρι καθιερωμένος Arist. p. 520).

Die Aufgabe der Neugründung war eine aufserordentliche, bei dem ungeheuren Umfang des Terrains und der gewaltigen Erhebung des Burgbergs, der über 1000 Fufs ansteigt. Er verhielt sich zur Unterstadt ähnlich wie Akrokorinth zu Korinth. Es sollten aber hier nicht die Uebelstände eintreten, welche in Korinth fühlbar waren, die Trennung zwischen Ober- und Unterstadt, der Mangel an Uebersichtlichkeit und Gemeinsamkeit. Hier wurden alle Mittel aufgeboten, auch das unfügsamste Terrain zu bewältigen, jeden Felshang bewohnbar zu machen, oben und unten zu einem grofsen Ganzen zu vereinen, das sich wie ein grofses Dreieck mit der Spitze im Norden allmählich in die Ebene hinab ausbreitete. Die ganze Stadtanlage gliedert sich also in drei Theile, die schmale Hochburg im Norden, die Terrassenstufen, welche Gipfel und Fnfs des Berges vermitteln, und die vom Selinus durchflossene Unterstadt mit ihren ländlichen Vorstädten bis zur Kaïkosniederung hinunter, wo die Grabhügel wie vorgeschobene Wachposten die äufserste Gränze des städtischen Weichbildes bezeichnen.

Der Burggipfel bildet einen schmalen Kamm, welcher sich etwa 700 Schritt lang erstreckt und keilförmig gegen Norden zuspitzt. Hier war die Stätte des Burgheiligthums (a) der Platz für die Aufbewahrung der Schätze; hier hatte man die Aufgabe, die natürliche Festigkeit zu vervollständigen und an den schmalsten Punkten den Flächenraum zu erweitern. Im NO (b) stürzen die Felsen senkrecht zum Ketiosthale ab. An diesem

Absturze steigt vollkommen erhalten eine Quadermauer c. 80 Fuſs hoch aus der Tiefe empor bis an den oberen Felsrand, und zwar ist sie so gebaut, daſs von den 14—15 Schichten jede untere Lage unter der oberen vorspringt, damit auf diese Weise eine gröſsere Solidität erzielt werde. Eine ganz ähnliche Stufenmauer ist am troischen Pergamon von Hahn aufgedeckt und beschrieben worden.

Von dieser Auſsenmauer strecken sich alte Quaderfundamente nach innen; man unterscheidet in derselben verschiedene Abtheilungen und es liegt die Vermuthung nahe, daſs hier an der innersten und festesten Stelle der Burg die Geld- oder Waffenvorräthe aufbewahrt wurden. Die Ringmauer selbst ist nur in den Grundlagen zu erkennen, die entweder bloſs liegen (d) oder von neuerem Gemäuer überdeckt sind (c).

An der Westseite, wo der Kamm am schmalsten ist, sind Mauern in mehreren parallelen Zügen (e) aufgerichtet, um schmale Terrassen zu gewinnen, welche wohl mit dem Burgheiligthume in Verbindung standen, das hart über der Felskante seinen weit sichtbaren Platz hatte. Da wir aus Inschriften und Münzen von Pergamon die Athene als Polias kennen, so können wir nicht anstehen, ihr Heiligthum in dem Tempel zu erkennen, der nach NNO gerichtet ist. Als er zu dem Prachtbau, von dem die Trümmer korinthischer Architektur übrig sind, umgestaltet wurde, waren sehr bedeutende Terrainarbeiten nothwendig, denn sowohl für die Cella als auch für den Peribolos muſste durch künstliche Unterbauten ebener Boden hergestellt werden. Der Tempel fuſst auf einer Futtermauer, die aus abwechselnd hohen (0,54) und niedrigen (0,38) Lagen aufgerichtet ist. Jede Quader hat einen sorgfältig geglätteten Rand von 0,09—0,10 Breite. Die Westseite des Tempels, durch Anbau vorgeschoben, ruhte auf einer dreifachen Reihe von Tonnengewölben, welche zugleich als Souterrain dienten und mit hinterliegenden Kammern versehen waren, die mit dem Innern des Heiligthums, so viel sich erkennen läſst, keine Verbindung hatten. Diese Bauten mit mörtelloser Steinfügung gehören ohne Zweifel der attalischen Epoche an, während die Peribolosmauern und auch die Tempelarchitektur auf spätere Zeit hinweisen.

Wahrscheinlich fand hier unter römischer Herrschaft ein erweiternder Umbau statt, als der Cäsarencultus mit dem einheimischen Gottesdienste verbunden wurde und Augustus auch hier in die Gemeinschaft mit der alten Burggöttin eintrat. Man sieht den Augustus in vier- und sechssäuligen Tempelhallen auf pergamenischen Kupfermünzen.

Der Burgberg von Pergamon ist auch dadurch ausgezeichnet, daſs er wie Akrokorinth auf seiner Kuppe eine reichliche Quelle hat, welche wie die obere Peirene künstlich zugänglich gemacht worden ist. Unweit des Tempels in der Mitte der ganzen Burg senkt sich ein viereckiger Felsschacht in die Tiefe, wo, wie an den abgeglätteten Wänden zu erkennen ist, das Wasser ursprünglich höher stand. Die Wände waren mit Stuck bekleidet.

Der ganze Boden des Kastells ist mit Schutt bedeckt; darunter sind hie und da noch die Fundamente alter Wohnungen zu erkennen.

Der Burgfels war, wenn auch vielleicht vom Selinusthale aus in der Richtung auf den Burgtempel ein Nebenzugang gebahnt war, von Natur nur an der Südseite zugänglich. Hier muſste, nachdem Lysimachos den Gipfel als Gazophylakion eingerichtet hatte, die Verbindung zwischen Ober- und Unterstadt hergestellt werden, und zwar in der Weise, daſs ohne Beeinträchtigung der Festigkeit eine Stufenfolge von Terrassen eingerichtet wurde, welche zur Aufnahme öffentlicher Gebäude dienten und zwischen denen sich ein Fahrweg hinaufzog. Von der stolzen Pracht dieser Anlagen ist es schwer, sich eine Vorstellung zu bilden, da nur die Trümmer der Mauern erhalten sind, welche entweder frei aufgeführt sind oder an natürliche Felsklippen sich als Umkleidungen oder Ausfüllungen anlehnen. Die Ueberreste der Prachtbauten sind ähnlich wie bei der sogenannten Valerianischen Mauer in Athen als Material der neuen Mauern benutzt. So finden wir ganze Reihen von Säulenschaften dorischer wie ionischer Ordnung neben einander gelegt, indem sie ihrer Länge nach die Dicke der Mauern bilden (*h*). Bei *g* und *i* erkennt man die alten Mauern, bei *i* mit späterer Reparatur; bei *l* einen runden Eckthurm neuerer Zeit auf den Grundfesten eines viereckigen. Wo die Abhänge sanfter sind, wie bei *o*, finden sich Fundamente, Cisternen, Fufsböden kleinerer Gebäude; steilere Abhänge sind durch mächtige Pfeilermauern gehalten. Bei *m* sind zwei über einander liegende Terrassen zur Bebauung hergerichtet.

Wenn also auch der Abschlufs des Kastells im Süden durch Zerstörung und durch Umbau verwischt worden ist, so erkennt man doch, wie der obere Abhang der Südseite sich wie ein Vorwerk an die Hochburg anlehnte und wahrscheinlich durch ein prachtvolles Propylaion nach den unteren Abhängen öffnete. Den oberen Theil werden die fürstlichen Palastbauten eingenommen haben, während auf den unteren Terrassen die öffentlichen Gebäude, wo die Reichsverwaltung ihren Sitz hatte, und vermuthlich auch ein Theil der für wissenschaftliche Zwecke gegründeten Anlagen untergebracht waren. Von der plastischen Ausstattung der Terrasse zeugen die Postamente, welche mit ihren auf Ehrenbildsäulen bezüglichen Inschriften auf den Terrassen gefunden worden sind (z. B. C. I. Gr. n. 3550). Marmorbildwerke in Hautrelief sind, in Stücke zerschlagen, vielfach als Baumaterial in den mittelalterlichen Mauern verwendet worden. Herr Humann hat das Verdienst, einzelne werthvolle Bruchstücke hervorgezogen zu haben. Was auf dem Boden umherlag, ist in Kalköfen zu Grunde gegangen.

An der Ostseite oberhalb des Ketiosthals mufs ein Hauptthor des unteren Einschlusses der Akropolis gelegen haben. Von hier aus zieht sich in deutlichen Spuren mit altem Steinpflaster der Fahrweg hinauf in grofsen Windungen die schärferen Ränder umgehend, dann aber zu dem oberen Burgraum, dem Palastbezirke und der Citadelle, in gerade Richtung steil emporsteigend.

Zu den Füfsen der dreifach gegliederten und dreifach ummauerten, fürstlichen Stadt lag die Stadt der Bürger, die Stadt am Selinus, und zwar war die ursprüngliche Ansiedelung, welcher die oben erwähnten Felsarbeiten angehören, gewifs auf das linke Ufer beschränkt.

Bei älteren Stadtanlagen scheuten sich die Hellenen, fliefsende Gewässer in das Innere der Städte aufzunehmen. Pausanias VIII, 8, 8 spricht von den daraus erwachsenden Gefahren. In hellenistischer Zeit hatte man dagegen ein grofses Gefallen daran, und der Plan von Seleukeia Pieria (in den Abhandlungen der Berl. Akademie 1853) zeigt, wie man Gebirgsbäche benutzte, um die Städte zu verschönern und zu reinigen.

Als Eumenes durch Vereinigung der kleineren Ortschaften Teuthraniens die neue Stadt gründete, dehnte er sie über beide Flufsufer aus und es mufsten von Anfang an die wichtigsten Aufgaben der städtischen Bauthätigkeit auf den Selinus bezüglich sein. Die Wohnlichkeit, Gesundheit und Schönheit der Stadt beruhte auf den Ufermauern mit den einmündenden Kloaken, den Quaianlagen, Brücken und Ueberbauungen des Selinus sowie auf den ihn überragenden Terrassen.

So erstreckt sich oberhalb desselben vor seinem Eintritte in die jetzige Stadt eine ausgezeichnete, noch dem Bergfuse angehörige, mit Säulentrümmern gebaute Terrasse von NW nach SO (hinter der heutigen Moschee Beyazis), auf welcher eine sehr ansehnliche Gründung gestanden haben mufs. Die NW-Ecke ist zu einem türkischen Friedhofe benutzt. Oestlich von der Terrasse finden sich grofse unterirdische Gewölbe. Von den Brücken, die jetzt über das tief geschnittene Flufsbett führen, ruht eine (die unterhalb der Basilika gelegene) auf antiken Fundamenten. Die Untermauerungen des Ufers sind an verschiedenen Stellen sehr wohl erhalten; die merkwürdigste aller auf den Selinus bezüglichen Bauanlagen besteht aber in den beiden parallelen Tonnengewölben, welche neben einander gebaut, dazu dienten, inmitten der alten Stadt, auf eine Strecke von 196 Meter, das Flufsthal gänzlich verschwinden zu lassen und eine Fläche herzustellen, über welche eine grofse öffentliche Bauanlage sich ungehemmt ausbreiten konnte.

Oestlich neben der unteren Ausmündung der beiden vollkommen erhaltenen Gewölbe erhebt sich am Rande der heutigen Stadt die bedeutendste aller Ruinen von Pergamon, das aus Texier bekannte Schiff einer aus Backstein erbauten und mit antiken Marmorfriesen ausgestatteten Basilica mit den beiden Kapellen des Evangelisten Iohannes und des Heiligen Antipas. Die einheimischen Periegeten (so der treffliche Ortskenner und Arzt N. I. Ralli in seiner ἱστορία καὶ τοπογραφία τῆς Περγάμου. Ἐν Σμύρνη 1870. 8) erkennen hierin die Ueberreste des Asklepieion und in dem benachbarten Ziehbrunnen, der in einer feuchten, zu Töpferei benutzten Niederung liegt, den heiligen Brunnen des Asklepios.

Wir werden, da das Asklepieion aufserhalb der Stadt sich ausbreitete, eher geneigt sein, hier den Platz eines Heiligthums zu erkennen, welches einst die Ostseite des alten Stadtmarkts einnahm, der sich von hier über das bedeckte Flufsthal gegen Westen erstreckte, wo sich die parallele Begrenzung eines grofsen Raumes nachweisen läfst, der eine centrale Bedeutung für die alte Stadt gehabt haben mufs.

Der gröfste Theil des antiken Stadtraums wird von dem heutigen Bergama völlig überdeckt, so dafs eine Fülle einzelner Ueberreste in den Häusern zerstreut liegt, ein Zusammenhang aber nirgends nachgewiesen werden kann.

Erst an der Westgränze der heutigen Stadt beginnt wiederum eine Gruppe antiker Anlagen, welche sich an die Höhen anlehnen, die vom rechten Selinusufer gegen Süden streichen, Stadium, Theater und Amphitheater.

Stadium und Theater stammen ihrer Anlage nach aus hellenischer Zeit. Bei dem Stadium sind an der nordwestlichen Seite die natürlichen Höhen benutzt; im SO ruht es auf Mauern aus grofsen Werkstücken, welche sich durch Höfe und Hütten hindurch verfolgen lassen. Das südwestliche Ende ist unter türkischen Gebäuden versteckt.

Das Theater hat eine sehr schöne Lage am südlichen Abhange der Höhen, nach dem Kaïkosthale gerichtet. Es ist ein Bau sehr verschiedener Zeiten. Der obere Rand ist, um Platz zu gewinnen, über das natürliche Terrain erhöht; ebenso sind beide Flügel vorgeschoben und zwar ist der eine Vorsprung in der Zeit der pergamenischen Könige erbaut, wie man aus dem regelmäfsigen Wechsel höherer und niedrigerer Schichten erkennt, der andere stammt aus römischer Zeit und ist durch ein Tonnengewölbe ausgezeichnet, welches in schiefer Richtung hindurchführt.

7*

Das Amphitheater ist eine im Seitenthal des Selinus höchst malerisch gelegene Ruine, ein Bau, vielleicht einzig in seiner Art, insofern er hellenische Terrainbenutzung mit der Ueppigkeit des römischen Prachtstils zu verbinden suchte. Der für Pergamon so charakteristische Gewölbbau ist auch hier in grofsem Stile angewendet, indem er zur Ueberdeckung des Bachs diente, welcher zugleich benutzt werden konnte, die Arena unter Wasser zu setzen.

Auf der Höhe zwischen Theater und Amphitheater findet sich ein Quellort, welcher zu einem Waschplatze eingerichtet war; er ist von einer Reihe von Steinträgen umgeben, und ein in Fels gebahnter alter Fufsweg führt dahin.

Für die Topographie dieser ganzen Höhengruppe, welche sich durch freien Umblick, frische Luft, bequeme Terrainformen und Wasserfülle auszeichnet, ist der durch den südwestlichen Theaterflügel gebahnte Weg von grofser Wichtigkeit. Denn diese seltsame Anlage beweist, wie Adler sofort erkannte, dafs hier ein Weg hindurchging, dessen Richtung man in keiner Weise verändern durfte.

Herr Humann hat das Verdienst, diesem Wege zuerst sorgsamer nachgegangen zu sein. Es ist ein Weg von 3,78 Breite, von Granitpfeilern eingefafst, die 2,40 von einander entfernt sind und nach aufsen als Halbsäulen mit dorischem Kapitell vorsprangen. An einem der Säulenschafte findet sich ein rohes Relief, das eine von vorn gesehene Frau in langem Gewande neben einem oben offenen Wassergefäfse stehend darstellt (c. 2 Fufs hoch).

Dieser überwölbte Pfeilerweg (eine via tecta, wie die des Damianos in Ephesos und die zwischen Lechaion und Korinth nach Statius Silv. II, 2, 35) führt den Hügel hinan an einem Brunnen vorüber, bei dem der Weg eine kleine Drehung macht. Oben verläuft der Hügel in eine Ebene, welche etwa 100 Fufs über der Niederung liegt. Das Ziel des Wegs ist ein c. 10 Minuten vom Theater entfernter Trümmerhaufen, unter welchem eine lauwarme Quelle entspringt. Der Platz ist ganz mit Scherben bedeckt und hat ungefähr 100 Schritt im Umfange. Weiter gegen Westen entspringt dem Rande einer überragenden Höhe mit grofser Kraft ein Quell von kaltem Wasser, welcher zu der Trümmerstätte geleitet war.

Da nun das pergamenische Asklepieion am äufsersten Rande der alten Stadt gelegen war (τὸ τελευταίον τμῆμα τῆς πόλεως), in einer freien, hohen, durch reine Luft und Wasserfülle ausgezeichneten Gegend (Arist. p. 252f), so kann es, glaube ich, kaum bezweifelt werden, dafs der von Humann entdeckte Weg uns zu dem vielgesuchten Platze des Asklepieion geführt hat. Hier kommt Alles zusammen, was der Lage eines antiken Kurorts entspricht.

Wir werden uns nun die Entwickelung der Stadt in der Weise zu denken haben, dafs das untere Pergamon ursprünglich auf den Bergfufs und das linke Selinusufer beschränkt war, während die Höhen des rechten Ufers zum Bezirke des Asklepios gehörten, welcher in seiner grofsen Ausdehnung Theater und Stadium umfafste, wo die Spiele zu Ehren des Gottes gefeiert wurden. In der Zeit der Könige wurde durch den Synoikismos der Zwischenraum der beiden Niederlassungen ausgefüllt. Das Asklepieion wurde westliche Vorstadt und durch eine heilige Strafse mit dem Mittelpunkte der Neustadt verbunden, welche den Zeus-Asklepios als ihren Schutzgott verehrte. So reicht er auf Münzen als Vertreter von Pergamon der ephesischen Göttin die Hand (Mionnet II, p. 602 u. 581).

Die Prozessionsstraßen, welche die alte Stadt durchschnitten, meint Aristeides, wenn er die πότωι καὶ παλαιοὶ καὶ νῖοι διὰ πάσης τῆς πόλεως διήκοντες rühmt (p. 520, 5), und wenn wir den neu entdeckten Prozessionsweg, wo er jetzt unter den Häusern der Stadt verschwindet, in gerader Linie verlängern, so trifft er auf den grofsen c. 230 M. langen Raum, in welchem ich die Agora von Pergamon zu erkennen glaube. Von hier zog sich der heilige Weg zur Hochstadt hinauf, um die Stadt der Staatsgebäude, die fürstliche Residenz und den Sitz der Athena Polias mit der Unterstadt und der Vorstadt zu einem Ganzen zu verbinden. Vgl. über den Prozessionsweg in Neu-Ilion C. I. Gr. n. 3599, 29.

Eine zweite namhafte Vorstadt war das der Athena geweihte Nikephorion, von dem wir nur die Vermuthung aussprechen können, dafs es auf der östlichen Terrasse, wo Ruinen angegeben sind, zwischen Selinus und Ketios gelegen habe; eine Gegend, welche zu reichen Baumpflanzungen, wie sie hier angeführt werden, besonders geeignet war.

Weiter abwärts hat sich am Selinus ein Theil der alten Nekropolis erstreckt, welche noch so gut wie gar nicht untersucht worden ist.

Von besonderem Interesse sind für den Topographen von Pergamon die Hügelgräber vor der Stadt, welche die Gegend auszeichnen und ihr schon auf den ersten Anblick den Charakter einer vorzeitlichen Bedeutung geben. Drei hohe Grabhügel liegen südlich von der Stadt, ein vierter im oberen Selinusthale. Von der ersten Gruppe liegt der eine zwischen beiden Flüssen, wo sie sich am meisten einander nähern; der zweite, südlichste, jetzt Sigma-Tepés genannt, zeichnet sich durch einen Doppelgipfel aus und ist deshalb als gemeinsames Heroengrab von Pergamos und Andromache nach Pausanias I, 11, 2 angesehen worden (wo wahrscheinlich αὐτοῦ δὲ καὶ Ἀνδρομάχης gelesen werden mufs); indessen ist die Annahme durchaus zweifelhaft und man wird sich das bezeichnete Heroon wohl vielmehr inmitten der alten Stadt zu denken haben. Der dritte Tumulus (jetzt Mal-tepes) liegt hart am Wege nach Dikeli und wird neuerdings gemeinhin als Denkmal der Auge nach Paus. VIII, 4, 9 betrachtet.

An diesen wohlerhaltenen Grabhügel knüpft sich ein ganz besonderes Interesse, seitdem derselbe durch die verdienstvollen Bemühungen des Herrn Carl Humann näher untersucht und an der Nordostseite ein 42 M. langer, gewölbter Gang entdeckt worden ist, welcher in das Innere zu drei aus Quadern aufgemauerten Kammern führt. Diese Anlage, welche in zweifelloser Weise den Stempel pergamenischer Architektur zeigt, liefert also den Beweis, dafs die Fürsten von Pergamon durch Aufschüttung solcher Hügelgräber, wie sie in den umliegenden Landschaften als Zeugen heroischer Vorzeit emporragten, sich den Fürstengeschlechtern jener Vorzeit anreihen wollten. Sie machten es wie die Archianaktiden und Spartokiden am Bosporos, welche ebenfalls auf diese Weise mit dem Glanze heroischer Monumente ihre junge Dynastien ausstatteten.

Von der Ummauerung der Unterstadt sind bis jetzt noch keine zusammenhängenderen Spuren nachgewiesen. Doch haben die letzten Winterregen, wie Humann schreibt, neben dem alten Wasserkanale im Ketiosthale und demselben parallel, einen Mauerzug von 2 bis 3 Meter Dicke auf ein Kilometer Länge freigelegt, welcher den Wasserlauf gegen aufsen vertheidigte, während das Flufsbett der Mauer als Stadtgraben diente.

Dem Ueberblick über Lage, Geschichte und Topographie von Pergamon lasse ich die eingehendere Besprechung einzelner pergamenischer Bauwerke von Herrn Baurath Adler und einige inschriftliche Denkmäler von Pergamon folgen.

Klassische Baudenkmäler zu Pergamon.

Die Baudenkmäler von Pergamon haben durch Zerstörung und Ueberbauung oder Wiederbenutzung und Umformung im Wesentlichen dieselben Schicksaale erlitten wie die entsprechenden in den benachbarten Plätzen klassischer Kunst und Cultur. Zwar sind die Reste der Tempelbaukunst stark zusammengeschmolzen und ganze Denkmälerklassen, wie die der Thermen und Gymnasien bisher nicht nachgewiesen worden, — dennoch ist im Grofsen und Ganzen mehr erhalten, als in dem nahebelegenen Smyrna, welches einst mit Ephesus den Ruhm theilte, als eins der Augen von Klein-Asien zu gelten. Der Grund für die Erhaltung zahlreicher und hervorragender Denkmäler ist in der binnenländischen, von lebhaften Verkehrsstrafsen etwas entfernten Lage der Stadt und einer dauernden Stagnation in ihrer Entwicklung seit dem XVI. Jahrhundert zu suchen. An diesen Umstand darf sogar die Hoffnung geknüpft werden, dafs eine genauere Durchforschung des noch unberührten Bodens unsere bisherige Kenntnifs dieser für die spät hellenistische Epoche so wichtigen Stadt wesentlich erweitern wird.

Bei der Kürze unseres Aufenthaltes und den beträchtlichen Ortsentfernungen der einzelnen Ruinenplätze wird es nicht befremden, wenn an dieser Stelle nur eine mehr andeutende als erschöpfende Charakteristik der wichtigsten Denkmäler vom bautechnischen Standpunkte aus gegeben werden kann. Dieselbe mag als eine bescheidene Ergänzung zu den Mittheilungen älterer Reisenden und Texiers Publikationen angesehen werden.

Den alterthümlichsten Charakter haben einige alte Ansiedelungsstätten am Fufse des stolzen über 300 M. hohen Burgberges bewahrt. Es sind dies kleine Wohnungen, deren ziemlich dünne Umfassungsmauern an zwei oder drei Seiten aus dem natürlichen Felsen gehauen waren, wie solches aus den stehen gebliebenen Abbruchsspuren auf dem künstlich und sorgfältig geebneten Fufsboden erkannt werden kann. Schmale Treppenpfade von 0,60—0,80 M. Breite mit daneben gelegten Abflufsrinnen von 0,25 M. Breite und gleicher Tiefe versehen, verbanden die einzelnen theils nebeneinander, theils hinter- und übereinander gestellten Behausungen. Die Abmessungen der einzelnen Räume sind nicht mehr klein, aber mittelgrofs zu nennen: sie schwanken zwischen 5,50 M. Breite bei 4,50 M. Tiefe bis zu 8 M. Breite bei 7 M. Tiefe. Einige derselben besitzen an der Hinterwand eingetiefte Nischen mit Steinbänken davor; andere zeigen an der Vorderseite künstlich zugehauene Löcher, um Eckpfosten zum Tragen des Holzdaches aufzustellen. Es fehlt weder an Cisternen — sogar mit Ueberlaufrinnen versehen, — als an deutlichen Spuren unterirdischer, grofsentheils verschütteter Kornbehälter. Der Charakter dieser Baukunst ist bereits ein etwas höherer, als der einer primitiven Nothdurftsbaues, indem bereits Vorsorge getroffen ist, selbst bei eingetretener Zerstörung mittels der Conservirung der Felswände eine rasche Wiederherstellung durch Aufstellung der aus Holzzielen construirten

Vorderfront und des entsprechenden (wahrscheinlich aus Rundhölzern formirten) Daches zu ermöglichen. Grade die Combination von unwankbarem Felsbau mit wandelbarem Holzbau verleiht diesen Resten ein besonderes Interesse. Zwei dieser Ansiedelungsstätten liegen am Burgberge (auf dem Plane mit *pp* bezeichnet); eine dritte, besonders ausgezeichnete, befindet sich am rechten Selinos-Ufer, da, wo der die Arena des Amphitheaters durchfliefsende Bach in den Selinos mündet. Hier erhebt sich nach Osten orientirt und die Front nach dem Flusse gerichtet, eine schroffe, über 16 M. hohe Felsklippe, an vielen Stellen bearbeitet und an drei Seiten mit Absätzen und rechteckigen Blend-Nischen versehen, um Weihgeschenke darin aufzustellen. Zur ebenen Erde öffnet sich eine 3—4 M. breite offene rauchgeschwärzte Höhle mit steinernem Lagerbette im Hintergrunde. Vor derselben breitet sich ein kleiner etwa 3 M. tiefer Vorplatz aus, der durch seine Höbenlage dem Inundationsgebiete des in ca. 12. M. Entfernung vorbeifliefsenden Selinos entzogen war. Neben diesem durch die zahlreichen Votivnischen als geweihte Stätte bezeichneten Felsheiligthume sind nach Süden hin die Spuren mehrerer zerstörter Felswohnungen sichtbar, welche mit der Front ebenfalls nach dem Flusse gerichtet waren und deren Maafse, bauliche Einrichtung und technische Behandlung denen der Behausungen am Burgberge entsprechen.

Die Verwandtschaft dieser alterthümlichen Haus- und Weileranlagen mit den Wohnstätten der vielbesprochenen Felsenstadt westlich von der Akropolis zu Athen ist so überraschend, dafs sie eine besondere Hervorhebung verdient.

Durch ebenfalls alterthümliche Form und Technik, mehr noch durch ihre seltene Größe lenken drei andere Denkmalplätze in der Flufsebene die Aufmerksamkeit auf sich. Waren jene Felsenhäuser die unverkennbaren Sitze lebender Menschen, so sind es hier die Ruhestätten der Todten, welche in der Form von drei kolossalen Kegelgräbern an der Süd- und Südostseite der Stadt wohlerhalten uns entgegentreten. Ihre äufsere Erscheinung stimmt mit der der lydischen Gräber am gygäischen See überein, doch sind die Neigungswinkel dem Anschein nach etwas steiler. Der gröfste derselben ist ein Doppeltumulus, durch die Einsattelung zwischen den nahe zusammentretenden Gipfeln ebenso deutlich erkennbar, als aus der von zwei verlängerten Halbkreisen gebildeten Grundfläche. Er wird in seltener Weise von einem Graben und niedrigen Aufsenwalle umgürtet, so dafs nur von der Nordseite her ein Zugang verstattet war. Der gröfsere Durchmesser beträgt über 200 M. Wegen der imposanten Gröfse und Doppelgestalt gilt er für das schon von Pausanias erwähnte Heroengrabmal des eingewanderten Stadtgründers Pergamos und seiner Mutter Andromache. Leider hat bisher weder an diesem noch an dem kleineren, zwischen dem Selinos und dem Ketios belegenen Tumulus eine nähere Untersuchung stattgefunden.

Näher bekannt ist nur der dritte Grabhügel, welcher allgemein aber ohne sichere Begründung der Tumulus der Auge genannt wird. Es ist ein Erdkegel von 160 M. Durchmesser und 32 M. Höhe, welcher von einem aus Gufsmörtelwerk hergestellten, früher wohl mit Quadern eingefafsten und fast 6 M. hohen Unterbau getragen wird. An seiner Nordostseite ist eine merkwürdige, längst geplünderte, dann Jahrhunderte hindurch verschüttet gewesene und kürzlich wieder zugänglich gemachte Grabanlage vorhanden. Sie besteht aus einem 43 M. langen tonnengewölbten Gange, von 3,20 M. Breite und 5,50 M. Höhe. Derselbe führt zu einem quergelegten, ebenfalls tonnenüberwölbten Gemache von

16,90 M. Länge, dessen Querschnitt dem des Ganges congruent ist. An diesen Vorraum stofsen drei mit längsgelegten Tonnengewölben bedeckte Innenkammern, welche durch drei Bogenthüren mit dem Vorgemache und durch zwei sturzbedeckte Seitenthüren mit einander in Verbindung stehen. Die mittelste Kammer ist die gröfste, sie hat eine Breite von 5,50 M., jede der Seitenkammern hat 4,30 M. Breite. Die Tiefe ist der Breite gleich; die Höhe bis zum Tonnenscheitel beträgt 7,40 M.

Die Wände dieser grofsartigen Grabanlage sind aus sorgfältig geschliffenen Trachyt-Quadern, welche bis zu den Kämpfern der Gewölbe den charakteristischen Schichtenwechsel der hellenistischen Epoche zeigen, erbaut worden. Die Gröfse der Quadern (3,20 M. Länge) ist ebenso bemerkenswerth als die hochvollendete Steinmetzenarbeit, welche völlig dicht schliefsende Fugen in der Ansicht hergestellt hat, während — wie einige herausgenommene Quadern lehren — an der Hinterseite schon Mörtelverbrauch stattgefunden hat. Kunstformen fehlen gänzlich, auch Werkzeichen habe ich nicht finden können. Hinter und über den Quaderschichten, deren Stärke 0,50—0,70 M. beträgt, befindet sich eine ebenso dicke Schicht von cementartigem Gufsmörtelwerk, welche die ganze, ursprünglich als Freibau hergestellte Anlage mantelartig umschliefst und den technischen Zweck hatte, das Eindringen von Tagewasser oder Erdfeuchtigkeit zu verhindern. Diese Absicht ist, wie die Trockenheit der Quadern und die Reinheit der Luft beweisen, in vollem Maafse erreicht worden. Die aufserordentliche Vollendung und Sicherheit in der Bogen- und Gewölbetechnik, besonders bei dem Einschneiden des Halbcylinders über dem Eintrittsgange in den entsprechenden Halbcylinder des Vorgemaches (wodurch bereits zwei scharfe Grate des Kreuzgewölbes erzeugt werden) und die musterhafte Herstellung der geschselt gehauenen Gratsteine beseitigen sofort die Vermuthung, als ob hier eine Grabanlage aus heroischer Zeit erhalten sei. Alle Kriterien und namentlich die nur aus wiederholter Anschauung der antiken Denkmäler zu gewinnenden Beobachtungs-Momente der Technik sprechen dafür, dafs die interessante Bauanlage der hellenistischen Epoche entstammt. Dann wird aber, und zwar unter Betonung der technischen Verwandtschaft mit Bauanlagen auf der Akropolis zu Pergamon einerseits und der Attalos-Stoa in Athen andererseits, die Annahme gerechtfertigt erscheinen, dafs dieser unterirdische Grabesbau, der durch seine Planbildung und Raumgestaltung wahrscheinlich auf Ptolemäerbauten zurückweist, ein Bauwerk der Attaliden ist und vielleicht schon dem Neubegründer der Stadt und Stifter des Reichs, Philetairos, angehört. Gerade einem Fürsten dieses Schlages, einem Emporkömmling konnte es zeitgemäfs erscheinen, sich in der Weise älterer Dynasten bestatten zu lassen und deshalb unter Benutzung der neusten Errungenschaften des Bogen- und Gewölbebaues für die Grabkammern die alteinheimische Form des Heroenhügels für die äufsere Erscheinung zu wählen. Mit solcher Schöpfung wurde dem an der Spitze der architektonischen Entwicklung stehenden Aegypten gehuldigt und doch die Pietät für den oreinheimischen lydischen Kegelgräberbau bewahrt. Aber wäre das Grabmal auch jüngeren Ursprunges, etwa Eumenes oder Attalos I. angehörig gewesen, immer würde das für die Geschichte der klassischen Baukunst höchst wichtige Faktum gewonnen werden, dafs der Tonnengewölbebau und seine Hinüberführung zum Kreuzgewölbebau in Schnittsteinquadern bereits im dritten, sicher im zweiten Jahrhundert v. Chr. in diesen asiatischen Districten eine hohe Vollendung erreicht hat. Da die Gräber der bosporanischen Könige, die etrurischen Grofsgräber, selbst das Mausoleum des Augustus in Rom, auf der gleichen Combination der beiden Bauelemente, des cylindrischen Unterbaues und des baumbepflanzten Erdkegels beruhen, so ergiebt sich hieraus die lange Fortdauer und die weite Verbreitung dieses uralten Motives in der Baukunst.

In der Stadt sind die Reste antiker Baukunst eben so sehr durch Zerstörung zusammengeschmolzen wie durch Ueberbauung mit türkischen Häusern schwer zugänglich geworden. Der interessanteste Bau ist die auf eine Strecke von 196 M. bewirkte durchgängige Ueberbrückung des die Stadt von Nordwest nach Südost durchfliefsenden Selinos. Es sind zwei parallel gelegte, aus Gufsmörtelwerk hergestellte aber durch vortretende Quadergurtbögen verstärkte Tonnengewölbe von 12,10 M. und 12,40 M. Spannung, welche in der Mitte des Flusses auf einer gemeinschaftlichen Zungenmauer aufgelagert sind. Von den beiden mit Trachytquadern bekleideten Stirnseiten am Unterwasser tritt die eine (östliche) vor der andern etwas hervor. Aus dieser Eigenthümlichkeit erkennt man, dafs die ganze zwillingsartige Ueberwölbung nur in der Absicht hergestellt worden ist, um einen älteren auf der linken (östlichen) Flufsseite befindlichen Platz in voller Breite und trotz seiner ungünstigen schrägen Richtung zum Flusse bis weit über das rechte Selinos-Ufer hinaus erweitern zu können. Die ebenso stattliche wie selten wohl erhaltene Bauanlage läfst in Gröfse und Technik einen echt monumentalen Herrschersinn erkennen. Wegen des Mangels der hier nothwendig gewesenen schiefen Tonnengewölbe, die den spätrömischen Architekten (wie der Theaterumbau lehrt) schon bekannt und geläufig waren, mafs dieselbe sicher noch der Attaliden-Epoche angehören. Weitreichende Quaimauerreste sowie zwei doppeljochige Bogenbrücken, deren Unterbau an den Landwie Strompfeilern die kostbare Behandlung des geschliffenen Quaderbaus mit Randbeschlag, also eine echt hellenistische Technik zeigt, (während die Obertheile in schlichtsolider Fassung — der Struktur des Amphitheaters verwandt — hergestellt worden sind) bezeugen die ehemalige gediegene Ausstattung des Selinos mit Verkehrstrafsen und Uferschutzwehren.

Weiter stromaufwärts an der Nordseite der Stadt erstreckt sich ein mittelhoher aber lang gestreckter Höhenzug, der die Stadt beherrschend aussichtsreiche Blicke auf das Kaïkos-Thal eröffnet. Wegen dieser günstigen Lage befinden sich hier das Theater und das Stadion; das erstere in die stark geböschte Berglehne eingeschnitten, das andere am Fufse derselben angeordnet und mit seinem Rundhaupte zum Flusse gerichtet. In dieser Gegend darf auch die Anlage eines Gymnasiums vermuthet werden. Jenseits des Höhenzuges liegt eingebettet in einem kleinen, von einem Bache durchströmten Thalkessel das Amphitheater.

Das Stadion ist wegen der Verschüttung schwer erkennbar; nur von der Umfassungsmauer des Rundhauptes stehen noch fünf Lagen sehr grofser Quadern in einer Länge von ca. 30 M. über der Erde. Mit Mühe verfolgt man die weiteren Umrifslinien in den hier befindlichen Gärten, so dafs weder Maafse noch Details ohne Ausgrabungen zu gewinnen sind.

Das unweit belegene Theater ist ursprünglich in den nach Südosten gerichteten Hügelabhang eingeschnitten und erst in römischer Zeit durch central gestellte tonnengewölbte Unterbauten, welche hinter den obersten Sitzreihen noch eine Säulenhalle trugen, vergröfsert worden. Die ursprüngliche Anlage ist griechisch; Skene und Theatron erscheinen getrennt und sind trotz des römischen Um- und Erweiterungsbaues, welcher sichtbar ist, niemals mit einander verbunden worden. Der Durchmesser des Theatrons beträgt etwa 120 M.; seine Abschlufsschenkelmauern sind wegen der bedeutenden Frontböhe mit schrägen Strebepfeilern besetzt worden. Das ca. 65—70 M. lange Skenengebäude war aus weifsem Marmor erbaut; die Untertheile der Hinterwand stehen noch in Gartenmauern verbaut, aber die Orchestra liegt tief verschüttet und wird seit Jahren als Steinbruch benutzt, um aus den edlen Baubruchstücken in korinthischer Version türkische Grabsteine zu meifseln. Die Schenkelmauern sind aus Trachytquadern erbaut worden; die nordöstlich stehende ist älter als die entsprechende der andern Seite. An jener erscheint der vortrefflichste Bogen- und Buckelquaderbau in abwechselnden Schlchtenhöhen, völlig identisch dem der besten Futtermauern der Burg und daher auf lysimachische oder philetärische Epoche deutend. Die südwestliche Schenkelmauer ist dagegen jüngeren Ursprunges, aber aus der reifsten römischen Epoche stammend, wie das hier befindliche, einer schräg geführten Feststrafse als breiter Durchgang dienende Bogenthor beweist, welches mit einem schiefgelegten und steigend geführten Tonnengewölbe in Schnittsteinquadern überwölbt ist. In technischer Besiehung ist diese Anlage ein Meisterwerk; sie beseugt, bis zu welcher Höhe die Kenntnifs des Steinschnittes im Alterthume entwickelt gewesen sein mufs, wenn so schwierige Probleme in einer Provinzialhauptstadt mit solcher Sicherheit gelöst werden konnten. Auch bedarf es keines Beweises, dafs eine so complicirte Lösung nicht absichtlich von dem Architekten gewählt worden ist, sondern dafs vielmehr die Nothwendigkeit, bei der Erweiterung des Theatrons und der Hinausschiebung der Schenkelmauer, die schon bestehende, alte heilige, berganstsigende Feststrafse zu schonen, (weil eine Verlegung wahrscheinlich unmöglich war) ihn zwang, dieselbe in würdiger und angemessener Weise zu überbrücken. Wegen der in technischer Besiehung hochvollendeten Sicherheit dieses Bautheils liegt es nahe, demselben und damit den Umbau des Theaters einschliefslich des Skenengebäudes der von Aristeides gerühmten baulichen Wirksamkeit des Proconsul Quadratus (165) zuzuschreiben. Aus der schrägen Richtung der Feststrafse, welche in das anfern belegene Quellenthal des Asklepieions führt, ergiebt sich noch bei einer rückwärts erfolgenden Verlängerung derselben die Thatsache, dafs die obenerwähnte breite platzartige Selinos-Ueberbrückung mit dieser Feststrafse in einem architektonischen Zusammenhange gestanden haben mufs. Allerdings steht jetzt an der Front dieses geräumigen oblongen Platzes in der Mitte der Stadt eine Peribolusmauer altchristlichen Ursprungs und den Hintergrund schliefst eine Baugruppe aus derselben Epoche, welche aus einem altchristlichen backsteinernen Kirchengebäude mit zwei in der Form von Rundthürmen erbauten Memorien-Capellen zusammengesetzt ist — aber diese überaus grofsartige Gesammtanlage (welche von Texier irrthümlich für eine römische Basilika-Anlage gehalten worden ist) scheint durchweg auf älteren Fundamenten zu ruhen und darf daher als eine Erneuerung eines älteren untergegangenen Heiligthums gefafst werden, welches höchstwahrscheinlich der Ausgangspunkt für die grofsen nach dem Asklepieion gerichteten Processionen gewesen ist.

Das Amphitheater ist in origineller Weise unter geschickter Benutzung der steilen Thalhänge so über den kleinen Bach gebaut worden, dafs die nicht sehr grofse Arena von drei parallel neben einander gelegten Tonnengewölben, welche den Bach in der grofsen Axe der Ellipse überbrückten, getragen wurde. Offenbar hat auf die Wahl dieser Oertlichkeit der Wunsch das durch Stauwerke zu hebende Bachniveau als künstlichen See benutzen zu können, den entscheidensten Einfluſs geübt, denn durch solche mehrtägige Wasserstauung war man im Stande, ein genügendes Seebecken zu schaffen, um an die Stelle von Gladiatorenkämpfen und Thierhetzen zuweilen Seegefechte oder Wasserjagden treten zu lassen. Aus dieser Rücksichtnahme ist die Arena selbst angenähert kreisförmig gestaltet worden, ihre beiden Axen haben 51 M. zu 37 M. Länge. Da die Gesammttiefe der Sitzplätze 43 M. beträgt, so ergeben sich die Aufsendurchmesser zu 137 M. und 123 M. Es waren 44 Arkadensysteme in der Aufsenmauer und dreifsig Sitzreihen im Innern vorhanden. Was im Terrain fehlte, namentlich auf der Südseite, ist durch künstliches Mauerwerk hergestellt worden. Am schönsten und wahrhaft grofsartig ist der nördliche Abschluſs des Thales durch vier bis 26 M. Höhe aufstrigende Pfeilermassen aus sorgfältig behauenen Quadern bewirkt worden. Alle zeigen den charakteristischen Schichtenwechsel von Hoch- und Flachquadern und haben wegen der imposanten Höhe durch schräge Strebepfeiler eine besondere Sicherung erhalten. Dabei ist der ganze Bau mit wohlüberlegter Oekonomie durchgeführt worden; denn nur wenige reducirte Kunstformen sind vorhanden. An den höheren Theilen erscheinen die grofsen Quadern nur an den Aufsenecken, während der Massenbau den aus kleinen Trachytquadern hergestellten kubischen Steinverband zeigt. In ähnlicher Weise ist der obere Thalhang geschlossen und mit horizontalen wie schräg geführten Tonnengewölben in trefflichster Keilschnittfügung überdeckt worden. Rundbogige Wandnischen gliedern die Seitenwände des breiten in der Hauptaxe belegenen Corridors, welchen der Bach durchströmt, und ein darüber befindliches Halbkugelgewölbe läfst die gediegenste Herstellung mit kleinen Keilschnittquadern in mustergültiger Weise erkennen. Für eine sichere Zeitbestimmung des unter allen Amphitheatern wegen seiner Lage und Wasserbenutzung einzig dastehenden Baues gebricht es an Hilfsmitteln. Inschriften fehlen und die sparsam vorhandenen Kunstformen sind in so reducirter Fassung verwendet, dafs sichere Schlufsfolgerungen nicht möglich sind. Fest steht nur die Thatsache, dafs das Gebäude bereits im J. 159 existirte, als Galenus hier seine bekannte Anstellung als Arzt der Gladiatoren empfing. Mit Rücksicht auf die Thatsache, dafs der Bau steinerner Amphitheater in den Provinzen erst am Schlusse des ersten Jahrhunderts überhaupt beginnt und unter Hinweisung auf den aus Plinius Briefen bekannten, überaus lebhaften Baubetrieb in den kleinasiatischen Städten während der trajanischen Regierung, darf die Erbauung in den Anfang des II. Jahrhunderts gestellt und die Möglichkeit betont werden, dafs Galenus Vater, der hochgebildete Architekt Nikon, der Erbauer des interessanten Denkmals gewesen ist.

Die Herrscherburg ist eine der gewaltigsten Akropolis Anlagen, welche man sehen kann; von der Natur gleichsam zur Vertheidigung geschaffen. Von Süden nach Norden gestreckt, an drei Seiten schroff abfallend und nur von der Südseite auf gewundenen Pfaden ersteigbar, erhebt sie sich zu der imposanten Höhe von über 300 M. Ueberall sind die gestuften Abhänge durch Abbruch schroffer gemacht oder durch Futtermauern erweitert; mehrere Vertheidigungslinien liegen, von Thoren und Thürmen geschirmt, übereinander. Auf dem höchsten Gipfel thront die mächtige Terrasse, von welcher einst das prachtvolle Heiligthum der Burg mit seinen weifsleuchtenden Marmorsäulen weit in das Land hinausschaute.

Ueber der untersten sehr zerstörten Mauer auf der Südostseite erhebt sich eine zweite mit halbrunden Thürmen besetzte Quadermauer, welche nach Form und Technik betrachtet, jüngeren Ursprungs ist. Noch höher folgt eine über 250 M. lange, aus grofsen Quadern erbaute und mit 1 M. starken und 2,25 M. tiefen gebüschten Strebepfeilern besetzte Futtermauer, deren Struktur mit der der Olympieions-Terrasse in Athen so genau übereinstimmt, dafs zweifellos die gleiche Bauzeit (II. Jahrh. v. Chr.) erkannt werden kann. Die treffliche Erhaltung der Oberfläche spricht rühmlich für die Güte des verwendeten Materials, eines feldspatharmen und deshalb nur mäfsig verwitternden Trachyts. Die Südecke schliefst ein Dreiviertelrundthurm (*l*) späterer Zeit; er ersetzt aber nur die beseitigte Ecke eines starken Oblongthurmes, durch welchen die alte Strafse, mittels zweier hintereinander folgenden Thore leicht sperrbar, emporstieg, und ist offenbar nur zu dem Zwecke hinzugefügt worden, um eine bessere Seitenvertheidigung der langen Angriffsfront zu ermöglichen. Eine in der Strebepfeilermauer vorhandene Lücke läfst querschnittartig die nachträglich in solidester Technik erfolgte Hinzufügung und Einbindung der ersteren in eine ältern viel einfacher behandelte Futtermauer erkennen, wodurch die Verbreiterung des alten Fufspfades bis auf dreifache Reitwegsbreite deutlich sichtbar wird.

Noch höher treten dann krepisartig ummantelte Klippen auf, welche die Unterbauten grofser zerstörter Gebäude bildeten, während nach Osten hin lange aber schmale Terrassengärten sich erstreckten. Durchschreitet man diese Terrassenstufe, so wird die alte mit röthlichen Granitplatten belegte Burgstrafse sichtbar, welche in geschickter Führung aber mit starker Steigung durch Ruinenhügel bis zu einer oberen, von zwei vortretenden Thürmen flankirten Mauer emporführt. Auf dem Wege dahin liegen thönerne Wasserleitungsröhren, quadratische Ziegel von 0,45 M. Seite und 0,06 Dicke; ferner dorische Säulenschäfte mit 24 roh angelegten Cannelüren, und Bruchstücke spät ionischer Säulenbasen mit runden Plinthen, deren mittlerer Durchmesser 0,61 M. beträgt.

Die zweite Thoranlage (*hh*) nebst den Anschlufs Mauern ist schon byzantinischen Ursprungs. Theils aus sehr grofsen Granitblöcken, überwiegend aber aus weifsen Marmorbruchstücken erbaut, umschliefst sie nicht nur architektonische Fragmente aller Art, sondern auch zertrümmertes Bildwerk, darunter horizontal gelegte Friesplatten mit fast lebensgrofsen Reliefs. Mindestens zwei Prachtbauten sind hier begraben worden. Spätdorische und ionische Bauweise findet sich überwiegend vertreten; die zahlreichen Details der letzteren sind dabei von einer Eleganz und Feinheit, welche an die hochvollendete Durchbildung der Erechtheion-Details heranstreift und wegen ihrer engen Verwandtschaft mit den Ornamenten an der Stoa des Attalos zu Athen, die Beschäftigung attischer Architekten am Hofe der Attaliden bekundet. Aber auch ältere Bruchstücke fehlen nicht; an der Südostseite liegen in horizontaler Bettung die Schaftteile von 34 Säulen, theils dorischer, theils ionischer Bauweise angehörig. Als Material ist ein grauer Granit verwendet; ebenso bezeichnend ist der kleine Maafsstab mit 0,59—0,68 M. Durchmesser.

Noch höher hinauf folgt eine zweite von zwei Thürmen flankirte, in byzantinischer Zeit erneuerte Thoranlage (*f*), welche ebenfalls herrliche Baustücke verschlungen hat. Erst hier erreicht man nach Ueberschreitung gewaltiger Trümmermassen die oberste in sanfter Wölbung ansteigende Kuppe des Burgberges von etwa 100 M. Breite und fast 400 M. Länge.

Es ist ein weites, unter verdorrten Rasenhügeln begrabenes Trümmerfeld edler Bauanlagen, seit Jahrhunderten von den pergamenischen Steinhauern nach Marmorquadern durchsucht und dennoch noch immer werthvolle Reste klassischer Baukunst bergend. Der schmale Kamm des Gipfels ist in der Mitte durch eine 27 M. hohe von unten aus der tiefen Schlucht herauf gebaute mäfsig abgetreppte Futtermauer (*b*) von kolossalen Quadern nach Nordosten zu verbreitert worden. In gleicher echt monumentaler Weise wie hier, hat Lysimachos auch die neubegründeten Städte Smyrna und Ephesus ummauert und bewehrt. Nur Herodes der Grofse hat drei Jahrhunderte später den stolzen Diadochen durch verwandte Bauanlagen zu Jerusalem und Masada übertroffen. An der Südwestseite und ziemlich parallel steigt eine ähnliche Futtermauer aus gewaltigen Quadern auf, welche in halber Höhe von einem sehr starken Wulstgesimse wirkungsvoll getheilt wird. Hinter und über dieser Mauer erhob sich auf einer aus prachtvoll behandeltem Buckelquaderwerk in Hoch- und Flachschichten hergestellten Krepis das Hauptheiligthum der Burg, der sogenannte Athena-Polias-Tempel. Derselbe war nach Nordnordosten orientirt; seine Breite betrug etwas über 20 M.; an den Längsseiten war sein Stereobat mit Strebepfeilern besetzt. Der nachträglich hinzugefügte Peribolos von ca. 16 M. Breite erforderte die Anlage mächtiger aus Halbtonnen- und Ganztonnen-Gewölben gebildeter Substructionen. Die Kleinheit der Blöcke, die reichliche Mörtelverwendung in den Fugen und die geringere Technik der in Gufsmörtelwerk hergestellten Gewölbe selbst bezeugen aber die beträchtlich spätere Bauzeit dieser Zusatz-Anlage. Der Tempel war ein sechssäuliger aus weifsem Marmor in korinthischer Version erbauter Peripteros von 20,20 M. Breite und schlanken Verhältnissen. Der Säulendurchmesser betrug etwas über 1 M.; die Totalhöhe wahrscheinlich 10 M. Die zweireihigen Blattcapitelle sind 1,20 M. hoch; die Behandlung ihrer Akanthus-Blätter nähert sich der der Panthenos-Säulen, ist aber hellenischer gefafst. Die Basen zeigen schon die Combination des Attischen mit dem Ionischen und sind sehr reich mit Flechtgurten und Blattstäben geschmückt. Ueberhaupt ist die Meifselarbeit überall vorhanden gewesen bis in die Kymationsäume der Kalymmatien hinein, so dafs eine überaus reiche Durchführung erkennbar ist. Unter der Westseite der Cella befinden sich drei nebeneinanderliegende Tonnengewölbe von fast 3 M. Spannung, deren Schnittsteinquadern in allen Fugen eine hochvollendete und völlig mörtellose Fügung (wie an den Gewölben im sog. Grabhügel der Auge) zeigen. Von diesen Gewölben führen niedrige scheitrechte Thüren in andere aber verschüttete Gewölbe, so dafs eine vollständige Unterwölbung des Tempels vorauszusetzen ist. Wegen der bevorzugten Lage an der ausgezeichnetsten Stelle der Burg, wegen der reichen Durchführung im edelsten Materiale und der vorzüglichen Technik wird das Heiligthum wohl kaum anders als der Athena-Polias-Tempel zu bezeichnen und vielleicht in die Zeit Attalos I. zu stellen sein, obschon die Detailbehandlung einzelner Bautheile wie der Säulen- und Anten-Capitelle, der Thürconsolen und grofser eiförmig formirten Kymatien ein späteres, der römischen Detailbildung nicht allzufern stehendes Gepräge besitzt. Hierdurch sowie wegen der übereinstimmenden Planbildung mit den Augusteen zu Ancyra Pola und Mylassa wird die Vermuthung geweckt, dafs das für Pergamon erwähnte Augusteum gleichfalls an dieser Stelle zu suchen ist, etwa unter der Annahme, dafs durch die Aufnahme des Cäsaren-Cultus in den einheimischen Göttindienst ein glanzvoller Neubau bedingt wurde, der dann allerdings den ersten Jahrzehnden des I. Jahrhunderts angehört.

F. Adler.

Anhang
zur Erläuterung des Stadtplans von Pergamon.

Anhangsweise gebe ich Nachricht über einzelne pergamenische Alterthümer. Es sind Skulpturen, welche durch Abtragen von mittelalterlichem Gemäuer auf dem Abhange der Burg neuerdings an das Licht gezogen sind, Bildwerke aus bläulich-weifsem Marmor, in hohem Relief, fast frei gearbeitet, an einer dünnen Platte vorspringend, Bruchstücke dicht gedrängter Kampfgruppen jüngerer und älterer Männer, welche hoffentlich bald genauer bekannt gemacht werden können; es sind zweitens plastische Thonarbeiten, Formen sowohl wir Reliefs, zum Theil von grofser Schönheit und um so beachtenswerther, da Pergamon gerade für diesen Zweig antiker Kunstindustrie besonderen Ruf hatte; es sind drittens Inschriftsteine, die in Pergamon und Umgegend gefunden sind. Nur auf diese soll hier näher eingegangen werden.

I.
Marmorblock, von Herrn Humann aus der Mauer gezogen, 0,25 dick, 0,58 hoch.

```
ΟΔΗΜΟΣΟΠΕΡΓΑΜΗ
ΝΩΝΕΤΕΙΜΗΣΕΝΣΕΙ
ΔΙΑΝΑΣΚΛΗΠΙΑΔΟΥ
ΘΥΓΑΤΕΡΑΝΑΜΜΙΟΝ
ΠΡΥΤΑΝΕΥΣΑΣΑΝΚΑ
ΛΩΣΚΑΙΠΡΟΣΤΟΝΔΗ
ΜΟΝΚΑΙΠΡΟΣΤΟΥΣΘΕ
ΟΥΣΕΥΣΕΒΩΣ
```

Die Prytanenwürde einer Frau kann sich nur auf eine geistliche Würde und die Vorstandschaft eines religiösen Collegiums beziehen. Im C. Inscr. Graec. 1797*b* kommt die Prytanie mit lauter geistlichen Aemtern verbunden vor und in den kyzikonischen Inschriften finden wir *πρυτανεύειν* und *καλλιάζειν* verbunden. Böckh zur C. I. Gr. II, p. 921A. Der Dienst der priesterlichen Frau bezog sich auf den Demos und das Geschlecht der Könige, denn seitdem durch feierliche Apotheose der Cultus der Attaliden für männliche und weibliche Mitglieder der Familie eingeführt war, war es pergamenischer Sprachgebrauch, die einheimischen Fürsten unter οἱ Θεοί zu verstehen. Vergl. unten die Bemerkungen zu der Inschrift aus Klissekoi. Dem Namen Sidia ist ein zweiter Name beigefügt (vgl. C. I. Gr. 4142) und dieser Name kann nur Ἀμμίον sein (wie n. 2348 Ἀμμία n. 4148). Dann ist Θυγατέρα zu lesen, was wie μητέρα und ähnliche Formen schon der hellenistischen Zeit angehört, vgl. Böckh Introd. Sarm. II, 2. Mullach Gr. Vulgarspr. S. 162, und die Inschrift ist also zu lesen: Ὁ δῆμος ὁ Περγαμηνῶν ἐτίμησεν Σιδίαν Ἀσκληπιάδου Θυγατέρα Ἀμμιον πρυτανεύσασαν καλῶς καὶ πρὸς τὸν δῆμον καὶ πρὸς τοὺς Θεοὺς εὐσεβῶς.

II.

(Siehe Tafel VII.)

Die zweite Inschrift stammt aus der Nähe von Kirk-agatsch, eine Tagereise östlich von Bergama, 4 Stunden von Akhissar. Nordöstlich von Kirk-agatsch bei dem Dorfe Siledik ist sie gefunden inmitten einer ausgedehnten Trümmerstätte. Sie findet sich auf einem viereckigen Pfeiler (1,90 hoch; oben 0,58, unten 0,64 breit, 0,34 dick); die Buchstaben der Ueberschrift haben 0,05, die des Verzeichnisses selbst 0,018. Ich verdanke die Maße sowie die Abschrift des Pfeilers Herrn Humann.

Ἐπὶ πρυτάνεως Ἀττάλου τοῦ Μενάνδρου καὶ γυμνασιάρχου τοῦ αὐτοῦ Ἀττάλου ἐκ τῶν ἰδίων, ἐφηβαρχοῦντος Ἀσκληπιάδου Γαίου τοῦ Λευκίου, γραμματέως δὲ τῶν ἐφήβων Νικάνδρου Γαίου τοῦ Ποπλίου οἱ ἐγγραφέντες ἔφηβοι· εἰσὶν δὲ

Χαρμίδης Διογένους
10 Νίκανδρος Μενάνδρου
Μηνογένης Ἐπικράτους
Μένανδρος Ἐπικράτους
Ἐπικρίτης Ἐπικράτους
Μητρόδωρος Ἀρτίμωνος
15 Διόδωρος Ὀρτησίου
Ἀσκληπιόδωρος Ἀπολλοδότου
Κόνων Ζωσίμου
Ἀρτεμίδωρος Μηνοφίλου
Μηνόφιλος Μηνοφίλου
20 Ἄριστος Μητροφάνους
Ἀττικὸς Θαρσύνοντος
Τιμόθεος Τιμοθέου
Πάτροκλος Τιμοθέου
Φιλόξενος Λ[υ]σαίου
25 Μόνιππος Μίδη
Πρωτέας [Πρ]ωτέου
Μένων]δρος Ἀπολλωνίου
Μόσχος Σεκούνδου
Χαρμίδης Μενάνδρου
30 Δημήτριος Ἀλεξάνδρου
Μένανδρος Ἡρακλέου
Ἀπολλώνιος Ἀρτίμωνος
Ἀσκληπιάδης Ἀρτίμωνος
Ἡρακλείδης Μητροδώρο[υ
35 Γλύκων Μητροδώρου
Ἡρώδης Εὐπλόους
Ἀπολλώνιος Ἀπολλ[ωνίου?
Γλύκων Τιμοθέου
Ἀπολλώνιος Τιμοθέου
40 Ἄτταλος Ἀσκληπιάδου
Μητρόδωρος Ἀπολλω[νίου

Λυσανίας, Ἀ[θ]ήναιος, Διονύσιος, Μηνόφαντος οἱ Μητροδώρου, Θεύδας Ἀνδρονίκου, Μητρόδωρος Μηνοφίλου, Ἀπολλώνιος Λευκίου, Ἀρτεμίδωρος Λευκίου ὁ καὶ Γάιος, Ἀρτεμᾶς Ἀρτίμωνος, Ἄτταλος Θεοδώρου, Ἀπολλώνιος Δάου, Λεύκιος Λευκίου, Χαρμίδης Μοσχίου, Ἀττικὸ[ς Δη]μητρίου Δημ[ήτριος] Δημητρίου, Κάλβρος Κάμβρου, Θε[ύδω]ρος Φ[ιλοξ]ένου, [Δημ]ήτριος [Θρασω]νίνοντος [Μην]όδοτος - - ππου
41 [Νικ]ομάχου   42 [Δημ]ήτριος [Δημ]ητρίου
43 [Μην]όφωνος [Μην]οφώντου?
46 Διόφαντος
47 Διοφάντου
48 Μένανδρος Μενάνδρου   49 Γλύκων
50 Βάκχιος Μενάνδρου
52 Ἄτταλος Σελεύκου
53 Ἄτταλος καὶ Ἀπολ[λώνιος
54 οἱ Διοφάντου
55 Δημόστρατος
57 Μηνοδότου
58 Ἀπολλώνιος Μηνογένους
60 Γλύκων Γλύκωνος ὁ καὶ Ἀγάπιος

Ἀλέξανδρος Ἑρμογένους
Τηλέσφορος Οὐσσίαν
Μελέαγρος Ἀπολληνίο[υ
15 Ἀπολλώνιος Σιληνοῦ
Μητροφάνης Ἀρτεμᾶ
Γλαῦκος Γλαύκου
Μητρόδωρος Γοργίου
Ἀρτεμᾶς Ἀρτεμᾶ
20 Ἡρακλείδης Ἡρακλείδου
Μητρόδωρος Ἡρακλείδου
Νίκανδρος Ἀπολλωνίου
Ἀπολλώνιος Μητροφάντου
Διόδωρος Ἀπολλωνίου
25 Μελέαγρος Ἀπολλωνίου
Ἑρμογένης Ἀνδρονίκου
Ἀπολλώνιος Ἀνδρονίκου
Τρύφων Ἀνδρονίκου
Ἀσκληπιάδης Ἀσκληπιάδου
30 Μητροφάνης Μητροφίλου

Das Fragment 3567 im C. inscr. gr. gehört demselben Fundorte an und konnte schon von dem Ephebeninstitute, das hier bestanden hat, Zeugnifs ablegen.

Auch in den Inschriften aus der Stadt Pergamon sind Ephebeninstitute bezeugt. Bei Lebas 1720c ist von den Einkünften derselben die Rede; 1723g wird T. Claudius Vetus wegen seiner Verdienste um das zur Jugenderziehung bestimmte Gymnasium gerühmt; in der Orakelinschrift des C. I. 3538 kommen die Epheben als ἐφηβητῆρες χλαμυδοφόροι vor (vgl. n. 28 χλαμύδεσσ᾽ ἀμφεμένοι ἐντέσσι ἱστί nach A. Nauck bei G. Wulff de ult. orac. aetate p. 21. Das Pallium war also auch hier, wie in Athen (Dittenberger de eph. att. p. 59) das Erkennungszeichen der Epheben. So übereinstimmend waren bis in das Einzelne diese Institute der hellenistischen Zeit. Wir können durch Inschriften ihre Spur erkennen, außer Pergamon (um hier nur von benachbarten Gegenden zu sprechen) in Ephesos, wo die Aufzüge der Epheben in der Salutarios-Inschrift erwähnt werden (S. 31), in Kyzikos (C. I. Gr. n. 3665), in Ilion (n. 3619), in Sestos. Die große, von hier stammende Calverische Inschrift (welche nächstens im Hermes von Carl Curtius herausgegeben werden wird) rühmt an verschiedenen Stellen des Menas Verdienste um die in den Gymnasien ihrer Bildung beflissene Jugend (γυμνασίαρχος αἱρεθεὶς εὐταξίας τῶν ἐφήβων καὶ τῶν νέων προενοήθη τῆς τε ἄλλης εὐσχημοσύνης τῆς κατὰ τὰ γυμνάσια ἀντελάβετο καλῶς — ἔθυσεν μῆνα ἐπιτελῶν τὰς πρεπούσας θυσίας ὑπὲρ τῶν νέων τοῖς προεστηκόσι τῶν γυμνασίων θεοῖς). Man erkennt, wie für das Erziehungswesen ein wetteiferndes Interesse herrschte; das Gymnasium war an die Stelle der Agora getreten, und welch ein Modeeifer hierfür glühte, zeigt das pergamenische Fragment bei LeBas 1723c, wo nach Waddingtons dem Sinne nach nicht zweifelhafter Ergänzung ein Mann als Stifter von nicht weniger als sechs Gymnasien geehrt wird.

Welcher Stadt die vorliegende Inschrift angehört, läßt sich vor einer genaueren

Durchforschung der Ruinenstätte, welche der Stein angehört, nicht entscheiden. Es sollen in der Nachbarschaft Inschriften gefunden sein, in denen eines Temenos des Tyrimnos Erwähnung geschieht, welche uns nach Thyatira weist, das wir als Mittelpunkt dieses Cultus kennen (C. I. Gr. n. 3493).

Die Ephebeninstitute hatten ihre festen Einkünfte (ἀφωρισμένα ἰσόδια werden bei LeBas 1720c erwähnt) und ihre Verwaltung war eine städtische Angelegenheit; der Prytanis ist als Haupt der Stadtbehörde in Pergamon bezeugt (C. I. Gr. n. 3539), wie es auch einen städtischen Hausbalt gab, welcher eine unabhängige Verwaltung hatte (ταμίαι τῶν τῆς πόλεως χρημάτων LeBas 1723a). Dann folgen die Beamten, welchen ins Besondere die öffentlichen Erziehungsanstalten anvertraut sind, der Gymnasiarchos und der Ephebarchos, welche auch in Sestos und in Kyzikos neben einander aufgeführt werden. Die Gymnasiarchie, C. I. Gr. n. 3550 und 3551 in Pergamon bezeugt, war ein Ehrenamt, von dem man freiwillige Leistungen erwartete, also eine Art Liturgie nach dem Vorbilde der attischen Gymnasiarchie (Dittenberger p. 40). Der Zusatz ἐκ τῶν ἰδίων in unserer Inschrift zeigt aber, dafs wenigstens die völlige Verzichtleistung auf öffentliche Mittel als etwas Aufserordentliches angesehen und ausdrücklich hervorgehoben wurde. Als ein Wahlamt, durch welches die reicheren Bürger zu freigebigen Leistungen veranlafst wurden, kommt die Gymnasiarchie auch in der sestischen Inschrift vor, wo aber auch die Aufsicht über die würdige Haltung der Epheben (εὐταξία τῶν ἐφήβων) zu ihrem Amtskreise gerechnet wird. Hier berührte er sich also mit dem des Ephebarchen, des eigentlichen Vorgesetzten und amtlichen Aufsehers der lernenden Jugend. Ein προστάτης, wie er in späteren attischen Urkunden vorkommt, ist nach Böckhs Vermuthung in Ilion (n. 3619) zu finden. Der Grammateus endlich wird wohl als ein dem Kreise der Jünglinge näher stehender Beamter anzusehen sein, welcher den Dienst des Schriftführers versah. Da die Epheben als Corporation auftreten und Ehrenbezeugungen verleihen (ἐστεφανώσθη ὑπὸ τῶν ἐφήβων καὶ νέων heifst es in der Inschrift aus Sestos), bedurfte es eines solchen Organs. Als Collegium (οἱ περὶ τὸν δεῖνα γραμματεῖς τῶν νέων) kommt es auf perg. Inschriften vor.

Unter Autorität dieser vier Beamten ist die Urkunde vollzogen worden, welche auf dem Steine von Kirk-agatsch vorliegt. Es ist ein mit dem Kranze, dem Symbole des Wettkampfes, geschmücktes Album der Epheben, das Verzeichnifs der amtlich in die Genossenschaft aufgenommenen Jünglinge. Die Aufnahme erfolgte, wie wir schon aus dem Ausdruck ἐγγραφέντες ἔφηβοι schliefsen können, nach einer Prüfung der geistigen und körperlichen Tüchtigkeit. In Sestos werden ἔφηβοι und νέοι unterschieden; die letzteren haben ihr eigenes Gymnasium und nehmen für sich Bekränzungen vor. Ihr Altersverhältnifs zu den Epheben wird durch die Inschrift aus Chios, wo παῖδες, ἔφηβοι, νέοι neben einander stehen (C. I. Gr. 2214) aufser Zweifel gestellt.

Das Verzeichnifs besteht aus zwei Columnen. Die linke stehende ist durch kleine Streifen von der anderen gesondert (wie sich auch in der Ueberschrift, Zeile 4, ein solches Trennungszeichen findet). Die zweite Columne ist später geschrieben; zwei Drittel des Raums waren weggenommen, und es mufsten deshalb die Vaternamen untergeschrieben werden. Waren also, was verhältnifsmäfsig sehr häufig vorkommt, mehrere Brüder zusammen aufgenommen, so folgt, wie zu Anfang der rechts stehenden Columne, der Vatername den zusammenstehenden Namen der Brüder. Gegen Mitte der Columne versuchte man auch zwei Namen in eine Linie zu bringen. Die Listen sind bis auf einige Stellen, wo die Oberfläche des Marmors abgesprungen ist, vollkommen erhalten. Ich zähle auf beiden Seiten zusammen 85 Ephebennamen.

Sie geben noch zu einigen onomatologischen Beobachtungen Anlafs. In den Personennamen spiegeln sich die verschiedenen Epochen der Geschichte. So unterscheiden wir auch hier die Namen älterer Perioden und die der hellenistischen. Die altpergamenischen Namen schliefsen sich an die Landesculte an, Ἀσκληπιάδης, Ἀσκληπιόδωρος und die vulgäre Form Ἀσκλας als besonderer Namen mit dem Vaternamen Ἀσκληπιάδης verbunden. Gleiches Ursprungs ist der Namen Τελέσφορος, Τελεσφορίων (C. inscr. gr. 3554, 3559 etc.). Zweitens der sehr häufige Name Μητρόδωρος, der sich auf die Göttermutter bezieht, die auf dem Berge hinter Pergamon als μήτηρ τῶν θεῶν Ἀσπορηνή (Strab. 619) ihren Sitz hatte. Auf den Attisdienst bezieht sich wohl Ἀττινᾶς. Aus der Verwandtschaft der Muttergöttinn mit der asiatischen Artemis erklären sich die Namen Ἀρτινᾶς, Ἀρτίμων, Ἀρτεμίδωρος, welche so viel vorkommen, dafs sie in einheimischer Tradition begründet sein müssen. Desgleichen beziehe ich die vielen von Μήν abgeleiteten Personennamen (Μηνογένης, Μηνόδοτος, Μηνόφιλος, Μηνοφάνης, Μηνοφῶν, Μηνόφαντος) auf den im benachbarten Binnenlande herrschenden Dienst der Mondgottheiten. Betrachtet man die Namen der genannten Reihe genauer, so findet man, dafs meist gleichartige Namen (sogenannte Stoφόρα) zusammengehören, z. B. Μητρόδωρος Ἀρτίμωνος, Ἀρτινᾶς Ἀρτίμωνος, Ἀσκλας Ἀσκληπιάδου, Μητρόδωρος Μηνοφίλου, Μηνόφαντος Μητροδώρου, Ἀττινᾶς Δημητρίου — wir werden also um so mehr in diesen Namen Ueberreste alter Tradition erkennen dürfen und in den Trägern derselben einen Stamm alter Bevölkerung des Landes. Wir werden also auch Eigennamen von so allgemeiner und unbestimmter Bedeutung wie Θεόδωρος, mit Asklas verbunden, auf keine andere Gottheit beziehen als auf den Zeus Asklepios, den Gott κατ' ἐξοχήν in Pergamon.

Aus persischer Epoche stammt der Namen Κῦρος, der auf Inschriften in Pergamon vorkommt (vgl. Inschr. aus Kleinasien von Carl Curtius in Hermes VII.).

Dann kommen die Namen, welche dem hellenistischen Pergamon angehören und sich auf die Geschichte des Landes seit makedonischer Zeit beziehen. Hierher glaube ich den Namen Menandros, der auffallend häufig ist, rechnen zu dürfen, indem ich voraussetze, dafs er durch den ersten makedonischen Regenten, der als Satrap in Pergamon residirte, landesüblich geworden ist (C. I. 3561 cf. p. 1127). Die Namen der pergamenischen Dynasten, welche sich als neue Landesgötter einführten, sind, wie begreiflich, nicht in den Privatgebrauch übergegangen (aber Beinamen der Fürsten, wie Φιλομήτωρ kommen als Privatnamen vor), und erst in der römischen Zeit tauchen einzelne Beispiele auf, wie in unserer Inschrift Attalos des Menandros Sohn und Ἀτταλος Σιλούανος. Mit dem Prytanen Attalos hat es noch eine besondere Bewandtnifs. Wir wissen nämlich aus einer Inschrift des C. Inscr. gr. (n. 2189), dafs in Pergamon die Prytanie ein erbliches, von Königen benanntes Amt war (ἱπωνύμως ἀπὸ βασιλέων πρυτανεία); ein Ausdruck, welcher bis jetzt noch keine sichere Erklärung gefunden hat (prytania ex regibus derivata nach Böckh a. a. O.). Unter den Königen können nur die Attaliden verstanden werden. Es scheint also, dafs diese einem Seitenzweige ihres Hauses die Prytanie in Pergamon übertragen haben, deren Inhaber für die Zeit der Amtsdauer den Namen Attalos trug. Der ausgewanderte Prytane hiefs in Lesbos Aulos Klaudios Perennianos.

Im Allgemeinen unterscheiden sich die Personennamen der hellenistischen Epoche von denen der älteren Zeit dadurch, dafs die feste Tradition fehlt; es sind mehr gemachte Namen, welche die Absicht zeigen, eine Anlehnung an das Mutterland auszudrücken. Wie sich die Frau des Gongylos, welche Xenophon in Pergamon bewirthete (Anab. VII, 8), Hellas nannte, so nannte Attalos seinen Sohn Athenaios; Ἀσγέναιος und Ἀττικές kommen in unserer Inschrift vor. Pergamenische Namen, welche im Allgemeinen den Charakter eines jüngeren Gepräges tragen, sind Ἐταιρίων, Φιλόκαλος, Φιλόξενος, Συμφέρουσα, Αὐξάνων, Θαρσύτων, Ὕμνος etc.

Drittens die ungriechischen Namen, welche entweder durch die Nachbarschaft barbarischer Volksstämme bei den Pergamenern eingedrungen sind (Δῖος, Κίμβρος, Μίδας), oder durch die Verbindung mit Rom. Wir finden in Inschriften der Nachbarschaft den Namen Πομπήϊος (C. I. 3566), in unserer Inschrift die Namen Lucius (hellenisirt Λούκιος), Gaius, Publius, Secundus, Hortensius (Ὁρτήσιος). Onomatologische Kennzeichen sind, wo chronologische Daten fehlen, die sichersten Zeitbestimmungen und wie wir aus dem Namen Αἴλιος auf hadrianische Zeit schliefsen (n. 3544), so folgern wir aus der Spärlichkeit römischer Namen in unserer Inschrift, dafs sie der Zeit der Republik angehört. Der Schreibfehler im Namen Secundus (Z. 28) zeigt, dafs den Pergamenern die römischen Namen noch nicht geläufig waren.

Endlich mache ich noch auf Eins aufmerksam, nämlich die Häufigkeit der Doppelnamen, welche uns eine Zeit veranschaulicht, in welcher die alte Haussitte erschüttert war; Römer wurden in die Familien aufgenommen; durch Heirath und durch Adoption verbanden sich griechische und lateinische Namen. Auch wurden griechische Namen gegen römische vertauscht (Σιδάτος aus Nikaia, τὸ ἀρχαῖον Θεόφιλος Aristid. 329, 9, Waddington Chronologie de la vie du rhéteur Aelius Aristides p. 54).

Hierher gehören der Ephebarch Ἀσκληπιάδης Γαίου τοῦ Λουκίου, der Grammateus Νίκανδρος Γαίου τοῦ Πουπλίου (wo die der römischen Sitte entsprechende Nennung des Grofsvaters zu bemerken ist). Es werden die römischen Namen auch als Beinamen zugesetzt Χαιρέστρατος ὁ καὶ Μαρκιανός C. I. gr. 4118 Γλύκων Γλύκωνος ὁ καὶ Λούκιος, Ἀρτεμίδωρος Λουκίου ὁ καὶ Γάιος in unserer Inschrift.

Die folgenden Inschriften III—V aus Pergamon und seiner Umgebung sind von Herrn Dr. Heinrich Gelzer abgeschrieben und ich lasse sie mit seiner Erläuterung folgen.

III.

Inschrift von Klisse-koei.

(Siehe Tafel VII.)

Im Jahre 1870 entdeckte Dr. Schröder, Dragoman bei der deutschen Gesandtschaft in Constantinopel in Klisse-koei eine grofse und in mehrfacher Hinsicht merkwürdige Inschrift. Klisse-koei (d. i. Kirchdorf) ist ein kleines Dorf, auf einer der Höhen gelegen, welche den elaitischen Meerbusen umgürten, vier Stunden von Bergama und acht von Menimen entfernt, dem nächsten Stationspunkte der Smyrna-Kassaba-Bahn. Die Inschrift befindet sich in dem nur von einer türkischen Wittwe bewohnten und demgemäfs schwer zugänglichen Hause Chalil-Agas. Daselbst ist sie in die Pflasterung des Vorplatzes vor der inneren Hausthüre eingelassen. Seit Menschenaltern ist der Fufs der Ein- und Austretenden darüber hingegangen, und die Züge der Inschrift haben dadurch schwer gelitten. Ein grofser Theil ist völlig verwischt. Daher erwies sich auch der Versuch eines Papierabdrucks als völlig nutzlos; nur die ersten fünf Zeilen traten hervor.

Obschon mich Herr Professor Curtius von früh Morgens bis Sonnenuntergang in der Entzifferung der einzelnen Zeilen gütigst unterstützte, haben wir doch kaum 30 von den 61 Zeilen der Inschrift gelesen. Und so lange wenigstens der Stein an seinem jetzigen, ungünstigen Platze verbleibt, wird die Lesung schwerlich viel weiter können gefördert werden.

Die Höhe des Steines beträgt 1,26; die Breite 0,66; die Buchstabenhöhe 0,09.
Der Text der Inschrift lautet, wie folgt:

...ς τὸν βασιλέα εὐνοίᾳ ὑπὲρ τ........... ψηφίζεσ-
θαι τ]ὰς πρεπούσας αὐτῷ τιμάς, ὅπως ἐπὶ τοῖς γιγενημένοις ἀγαθοῖς τῷ βασιλεῖ ἐπευχὴς οἱ πολῖται φαίνωνται καὶ ἀπεδιδόντες αὐτῷ τὰς καταξίας χάριτας τῶν συνκεχρηματῶν καὶ τῶν εἰς ἑαυτοὺς εὐεργεσιῶν, ἀγαθῇ τύ-
5 χῃ δεδόχθαι τῇ βουλῇ καὶ τῷ δήμῳ στεφανῶσαι τὸν βασιλέα χρυσῷ στεφάνῳ ἀριστείῳ, κα(θ)ιερῶσαι (δὲ) αὐτοῦ καὶ ἄγαλμα πεντάπηχυ τεθωρακισμέ-
νον καὶ βεβηκὸς (ἐ)πὶ σκύλων ἐν τῷ ναῷ τοῦ Σωτῆρος Ἀσκληπιοῦ ἵνα ᾖ
σύν(ν)αος τῷ θεῷ, στῆσαι δὲ αὐτοῦ καὶ εἰκόνα χρυσῆν ἔφιππον ἐπὶ στυ-
λίδος μαρμαρίνης παρὰ τὸν τοῦ Διὸς τοῦ Σωτῆρος βωμόν, ὅπως ὑπάρχῃ ἡ
10 εἰκὼν ἐν τῷ ἐπιφανεστάτῳ τόπῳ τῆς ἀγορᾶς, ἑκάστης τε ἡμέρας ὁ στε-
φανηφόρος καὶ ὁ ἱερεὺς τοῦ βασιλέως κ(αὶ ἁ)γνωσθέντης ἐπιθυέτωσαν λιβανωτὸν
ἐπὶ τοῦ βωμοῦ τοῦ Διὸς τοῦ Σωτῆρος .... ἅπασι? τὴν δὲ ὀγδόην, ἐν ᾗ παρεγένετο
εἰς Πέργαμον, ἱερὰν τε ἰῶμι κ(α)θ' ἅπαντα τὸν χρόνον, καὶ ἐν αὐτῇ ἐπιτελεῖσθαι κατ' ἐνι-
αυτὸν ὑπὸ τοῦ ἱερέως τοῦ Ἀσκληπιοῦ πομπὴν ὡς καλλίστην ἐκ τοῦ πρυτανεί-
15 ου εἰς τὸ τέμενος τοῦ Ἀσκληπιοῦ καὶ τοῦ βασιλέως, συμπομπευόντων τῶν εἰ-
θισμένων καὶ παραστασίαι(η)ς θυσίας καὶ καλλιερηθείσης, συναγέσθωσαν
ἐν τῷ ἱερῷ οἱ ἄρχοντες, δίδοσθαι εἴς τε τὴν θυσίαν καὶ τὴν σύνοδον αὐτῶν

ἀπὸ τοῦ ταμίου τῶν ἁμαιτούτων προσόδων ἀπὸ τοῦ ἱεροῦ τοῦ Ἀσκληπιοῦ ἀρ-
(γ)ύρου δραχμὰς πεντήκοντα, τὴν δὲ θυσίαν . . . . . ὑποδοχῆς ἐπιμελείσθωσαν
10 οἱ ἱερονόμοι· γίνεσθαι δὲ καὶ ἐπιγραφὰς [ἐπὶ μὲν τοῦ] ἀγάλματος· „Ὁ δῆμος βασιλέα
Ἄτταλον Φιλομήτορα καὶ εὐεργέτην υἱὸ(ν) βασιλέως Εὐμένους Σωτῆρος ἀρετῆς
ἕνεκεν καὶ ἀνδραγαθίας τῆς κατὰ πόλεμον, κρατήσαντα τῶν ὑπεναντίων." ἐπὶ
δὲ τῆς εἰκόνος· „Ὁ δῆμος βασιλέα Ἄτταλον Φιλομήτορα καὶ εὐεργέτην θεοῦ βασιλέως Εὐμένους Σωτῆρος ἀρετῆς ἕνεκεν καὶ φρονήσεως τῆς συναυξούσης τὰ πράγμα-
15 τα καὶ μεγαλομερείας τῆς εἰς αὐτόν." Ὅταν δὲ παραγίνηται εἰς τὴν πό(λι)ν ἡ(μ)ῶν, στε-
φανηφορήσαι πάντα πάντων στεφάνων . . . . . . ν τῶν δώδεκα θεῶν καὶ θεοῦ βασιλέως Εὐμένους καὶ . . . . συτ . . .
. . . . θυσ . . . . εὔχεσθαι νῦν τε καὶ εἰς τὸν ἀεὶ χρόνον
διδόναι τὰς . . . .
20 . . . . σωτηρίαν νίκην
(προ)σ(τ)ασίαν αὐτοῦ . . . .
Ἀσίας ἀπαντησιν . . . .
. . . . στας πα . . . .
τας τους . . . .
25 ἐφήβων . . . .
           . . .

61 (ἐν) τῷ το(ῦ) Ἀσκληπιοῦ ἱερῷ.

Die Inschrift ist ein Decret einer mysischen Stadtgemeinde zu Ehren ihres Wohl-
thäters Attalos Philometor, des letzten Attaliden. Nach einer nur fragmentarisch erhaltenen Einleitung, worin die Bürger ihrer Dankbarkeit gegen den König Ausdruck geben
(Z. 1—4), erfolgt die Aufzählung der verschiedenen Ehren, welche dem Könige durch
Beschluſs von Rath und Volk zuerkannt werden:
1) der goldene Kranz (Z. 5—6),
2) die Errichtung einer Kolossalstatue des siegreichen Königs im Asklepiostempel
   (Z. 6—8),
3) die Errichtung einer Reiterstatue auf dem Marktplatze (Z. 8—10),
4) tägliche Opfer, dargebracht durch den Stephanephoros und den Priester und
   Agonotheten des Königs (Z. 10—12),
5) Heiligung des achten Tages, an dem der König seinen siegreichen Einzug in
   Pergamum hielt, und Einsetzung einer feierlichen, jährlich wiederkehrenden
   Procession (Z. 12—20).

Darauf wird die Redaction der Inschriften festgesetzt, welche die Kolossalstatue
und das Reiterbild zieren sollen (20—25).

Im zweiten Theile der Inschrift scheinen die Ehren aufgezählt zu sein, welche
dem Könige bei seinem persönlichen Besuche der Stadt zu Theil werden.

Im erhaltenen Texte ist der Name der Gemeinde nicht genannt, welche den Beschluſs abfaſst. Es kann nicht Pergamon sein; denn Pergamon, wo der König nach er-
fochtenem Siege seinen Einzug hielt (Z. 13), steht im Gegensatz zu „unserer Stadt"
(Z. 25). Nach der Lage von Klisse-koei zu schlieſsen, wäre man geneigt an Elaia, den
Hafenplatz von Pergamon, zu denken.

Der Zeit nach fällt die Inschrift in die Regierung des letzten Königs von Pergamon, Attalos III. Philometor 138—133. Das Decret ist erlassen in Folge eines glänzenden Sieges, welchen derselbe über seine Feinde erfocht. Daher wird sein Bild im Tempel aufgestellt, im vollen Waffenschmuck, wie er über die Rüstungen erschlagener Feinde einherschreitet.

Aber wer diese Gegner gewesen, wird nirgends näher bezeichnet. Am natürlichsten denkt man an die mit Pergamon stets verfeindeten Herrscher Bithyniens und an ihre Bundesgenossen, die Thrakerkönige Diegylis und Zibelmios. (Strabo XIII p. 624. Diodor. XXXIII, 14. 15. XXXIV, 12 Appian de bello Mithrid. III, VI).

Von besonderem Interesse sind die Angaben unserer Inschrift über die göttlichen Ehren, welche den attalischen Königen in ganz gleicher Weise, wie später den Imperatoren, zu Theil werden.

Zur Vergleichung können namentlich die Inschriften von Teos herbeigezogen werden, nach welchen die dionysischen Künstler in ebenso ausschweifender Weise, als hier Rath und Volk von Elaia, dem Könige ihre Verehrung bezeugen.

Wie wir in unserer Inschrift einen ἱερεὺς τοῦ βασιλέως καὶ ἀγωνοθέτης haben, so treffen wir in Teos einen ἀγωνοθέτης καὶ ἱερεὺς βασιλέως (C. I. G. 3068) oder Θεοῦ (C. I. G. 3070) Εὐμένου, dessen Amtsdauer jährig ist (C. I. G. 3068). Eine Inschrift bei LeBas (Asie mineure Section I, IV Nr. 88) erwähnt ebenfalls in Teos einen ἱερεὺς [Ἀττάλου Εὐσεβοῦ]ς καὶ Θεᾶς Ἀπολλωνίδος Εὐσεβοῦς und eine ἱέρεια αὐτῆς καὶ βασιλίσσης Στρατονίκης. Ein ἱερεὺς τοῦ βασιλέως Ἀττάλου kommt in der grofsen Inschrift von Sestos vor, welche demnächst im Hermes publicirt wird (Z. 26, 27).

In Teos hat der Gott Attalos einen besondern Tempel (C. I. G. 3669 τὸ τε Ἀτταλεῖον τὸ πρὸς τῷ θεάτρῳ). Ebenso findet sich in dem zum pergamenischen Reich gehörigen Aegina ein Ἀτταλεῖον (C. I. G. 2139b). In unserer Stadt dagegen ist der König σύνναος des rettenden Asklepios.

Die Wendung der Inschrift von Sestos: τῶν τε βασιλέων εἰς θεοὺς μεταστάντων läfst darauf schliefsen, dafs auch im pergamenischen Reiche eine Art Apotheosis der verstorbenen Könige stattfand.

Wie streng die Attaliden ihr göttliches Ansehn wahrten, zeigt das Schicksal des Grammatikers Daphidas. Er ward ans Kreuz geschlagen, weil er nach Hesychius illustris (s. v.) πᾶσιν ἐλοιδορεῖτο μηδὲ αὐτῶν φειδόμενος τῶν θεῶν· διὸ καὶ ἐχθρὸς ἦν Ἀττάλῳ τῷ βασιλεῖ Περγάμου.

Strabo (XIV, pg. 647) nennt die gelästerten Götter; es waren die Könige, welche er durch Spottverse beleidigte.

Der streng strafende Gott kann sehr wohl Attalos III. Philometor sein, mit dessen Sultanswillkür (Diod. XXXIV, 3. Mommsen R. G. II pg. 50) eine solche That wohl im Einklang steht.

Nur noch einige kurze Bemerkungen über das Einzelne seien mir hier erlaubt.

Z. 4. τῶν εὐεργημάτων „die glücklichen Unternehmungen" des Königs, durch welche ihm die Bürgerschaft zu Dank verpflichtet ist, gehen auf die Z. 22 erwähnten Siege. Das Wort ist in dieser Bedeutung bei den Spätern nicht selten. z. B. Diod. XIII, 13, 5. Polyb. 3, 72, 2.

Z. 52 χρυσῷ στεφάνῳ ἀριστείῳ C. I. G. 2376 χρυσῷ στεφάνῳ ἀριστείῳ 3601 (στέφ)ανο[ν] ἀριστεῖον 2424 στεφάνῳ ἀρισ]τείῳ ἀπὸ χρυσ[ῶν] vgl. Diod. XVII, 48, 6.

Z. 3. vgl. C. I. G. 2525b τῆς καταξίας χάριτας ἀποδιδόντες.
Z. 6. Bezeichnend ist der Gebrauch des Wortes ἄγαλμα (Steph. thes. l. graec. l. p. 163 ἄγαλμα τὸ τοῦ Θεοῦ ὁμοίωμα) für die Statue des Königs. Auch die Statuen der vergötterten Imperatoren waren ἀγάλματα.
Z. 8. Das zweite Ν in σύνιστε ist fast verlöscht, die Lesung aber sicher, vgl. z. 15 τὸ τίμιον τοῦ Ἀσκληπιοῦ καὶ τοῦ βασιλέως.
Z. 10 ἐν τῷ ἐπιφανεστάτῳ τόπῳ τῆς ἀγορᾶς vgl. C. I. G. 3068 ἀναγράψαι τὸ ψήφισμα τόδε εἰς στήλην λιθίνην καὶ στῆσαι πρὸς τῷ Διονυσίῳ ἐν τῷ ἐπιφανεστάτῳ τόπῳ.
Z. 10. ὁ ἱερεὺς κ[αὶ ἀ]γωνοθέτης. So muſs gelesen werden, da die Lücke gerade Platz für drei Buchstaben bietet. Auch in den Inschriften von Teos sind die Aemter des königlichen Priesters und des Kampfrichters von einer Person verwaltet.
Z. 12. Die Buchstaben nach Σωτῆρος sind schwer lesbar und unsicher.
Zu Z. 12 τὴν δὲ ὀγδόην u. s. f. Die Heiligkeit des achten Tages ist auch sonst bezeugt. In Athen war er dem Theseus (Plut. Thes. 36 Schol. Aristoph. Plut. 1126) und dem Poseidon heilig. (Plut. l. c.). Daſs dem König der achte Tag, der Tag des Einzugs in Pergamon, geweiht ist, hat offenbar noch seinen besonderen Grund. Der Gott von Pergamon ist nicht der hellenische Gott (Welcker Götterlehre II p. 70), sondern der semitische Asklepios, welcher als Bruder der auch in Pergamon hochverehrten Kabiren (C. I. G. 3539 und dazu Boeckh) gilt und stets das Beiwort „der Achte" führt. (Damascius bei Photius CCXLII, 573 und Herennius Philo bei Euseb. praepar. ev. I, 10, 25 οἱ ἑπτά… Κάβειροι καὶ ὄγδοος αὐτῶν ἀδελφὸς Ἀσκληπιός, vgl. Movers Phoenizier I pg. 528 ff.)
Folgerichtig ist dem Gotte, welcher der Achte heiſst, der achte Tag heilig und ebenso dem Könige als seinem Tempelgenossen. Denn der König, welcher die Stadt aus einer drohenden Gefahr rettet, ist wohl als irdisches Abbild des Ἀσκληπιὸς Σωτὴρ gedacht. Wie hier der achte Tag, ist auch anderwärts ein Tag dem Könige geheiligt: z. B. in Teos C. I. G. 3068 …ἐν τῇ βασιλέως Εὐμένου ἡμέρᾳ ὅταν ἥ τε ποιητὶ δεάλθῃ καὶ αἱ στεφανούσεις συντελῶνται.
In Sestos wird sein Geburtstag feierlich begangen: Inschrift Z. 35 ff. ἔν τε τοῖς γενεθλίοις τοῦ βασιλέως καθ' ἕκαστον μῆνα θυσιάζων ὑπὲρ τοῦ δήμου διαδρομάς ἐποιεῖτο τοῖς τε ἐφήβοις καὶ τοῖς νέοις u. s. f.
Z. 16. παραττασθείσης Συρίας vgl. Lucian de sacrif. 13 ὁ μὲν γε Σκύθης καὶ πάσας τὰς θυσίας ἀφεὶς… αὐτοὺς τοὺς ἀνθρώπους τῇ Ἀρτέμιδι σφάττουσι.
Z. 18. ἀπὸ τοῦ ταμιείου τῶν ἀμιστοίστων προσόδων ἀπὸ τοῦ πόρου τοῦ Ἀσκληπιοῦ. Αἱ ἀμίσιστοι (= ἀκίνητοι) πρόσοδοι sind die Einkünfte aus der ἐγγαίος οὐσία, dem Immobiliarvermögen, dem Grundbesitze des Tempels. αἱ πρόσοδοι ἀπὸ τοῦ πόρου ist eine auch sonst belegte Fülle des Ausdruckes. Xenophon Cyrop. I, 6, 10.
Z. 20. οἱ ἱερονόμοι. Der Hieronomos (vgl. Dionys. Hal. Ant. II, 73) ist der Pfleger oder Aufseher des Heiligthums, wie ἀγορανόμος, γυναικονόμος, σκοδονόμος u. s. f. Sonst kommt dieses Amt noch vor in Ilium novum. C. I. G. 3595. τὴν μὲν ἱέρειαν καὶ τοὺς ἱερονόμους καὶ τοὺς πρυτάνεις εὔξασθαι Ἀθηνᾷ τῇ Ἰλιάδι und C. I. G. 3597 αἱρεῖσθαι δὲ καὶ ἱερονόμον τῶν οἰκούντων ἐν Σαμοθράκῃ. Ein ἱερονόμος findet sich auch in Pergamon.

LeBas Asie mineure XIII, 1 pg. 411 Nr. 1723 a. Da aber diese Inschrift dort nur unvollständig vorliegt, so gebe ich den Text nach meiner Abschrift:

ἡ βουλὴ καὶ ὁ δῆμος
ἐτίμησε
Τι. Κλαύδιον Οὐέτερα
τὸν πρύτανιν καὶ κτίστην
τοῦ ἀλειπτηρίου τοῦ ἰ[ν τῷ
τῶν νέων γυμνασίῳ
καὶ δὶς στρατηγὸν καὶ τρὶς
εἰςηνάρχην καὶ ἀγορανό-
μον καὶ ἱερώμενον καὶ τα-
μίαν τῶν τῆς πόλεως χρη-
μάτων καὶ φίλον πάντων
ἀρετῆς ἕνεκα καὶ τῆς
εἰς τὴν πατρίδα εὐνοίας.

Z. 21. βασιλέως Εὐμένου über die sehr gewöhnliche Form Waddington zu LeBas Asie mineure I, 4, 88.
Z. 23. ψεργέτην Θεοῦ βασιλέως Εὐμένου. Da hier sicher Θεοῦ steht, vermuthe ich auch Z. 21 υἱόν falsch gelesen zu haben. Der verstorbene König erhält das Prädikat Θεός, wie C. I. G. 3070 vgl. Boeckh zu C. I. G. 3067 (II pg. 638 ff. 662).
Z. 26. .....ν δώδεκα Θεῶν die Lesung dieser Zeile ist mit Ausnahme von δώδεκα Θεῶν ziemlich unsicher. Der Cult der Zwölfgötter ist auch sonst in Kleinasien und gerade in den Ländern am Hellespont mehrfach bezeugt. Welcker Götterlehre II pg. 170.

IV.

Die Inschrift befindet sich in Pergamon auf dem Vorplatze eines kleinen Bethauses gegenüber der Bajazeth-Moschee.
Höhe des Steines 0,76; Breite 0,88; Buchstaben 0,04.

ΑΥΤΟΚΡΑΤΟΡΑΚΑΙΣΑΡΑ
ΘΕΟΥΥΙΟΝΘΕΟΝΣΙ ΒΑΣΤΟΝ
ΟΔΗΜΟΣΟΑΜΙΣΗΝΩΝΙ ΑΙΘΙ
ΣΥΜΠΟΛΕΙΤΕΥΟΜ   ΑΙΘ
ΤΟΝΕΑΤΩΝΣΩΤ   ΤΗΝ

Αὐτοκράτορα Καίσαρα
Θεοῦ υἱὸν Θεὸν Σεβαστὸν
ὁ δῆμος ὁ Ἀμισηνῶν καὶ οἱ
συμπολειτευόμ[ενοι] καὶ ὁ...
τὸν ἱστῶν σωτ[ῆρα καὶ κτίσ]την

Die Schrift ist die gewöhnliche der ersten Kaiserzeit; auffällig ist nur, dafs Omikron stets mit einem Punkte in der Mitte versehen ist. Der Stein enthält ein Decret der pontischen Stadt Amisos, welche, schon von Cäsar zur Freistadt erklärt, unter Antonius ihre Freiheit eingebüfst hatte. Nach dem Siege bei Actium gab ihr Augustus ihre Selbständigkeit zurück. Strabo XII pg. 547. Deshalb wird er in unserem Decrete als σωτήρ und κτίστης geehrt. οἱ συμπολιτευόμενοι sind die Bewohner von Themiskyra und der Sidene. (Strabo 1. c.) Ausdrücklich sagt Strabo (XII, p. 548), dafs das Gebiet von Amisos auch diese beiden Ländchen umfafste. Unsere Inschrift erweist, dafs diese Gemeinden der Stadt Amisos politisch nicht untergeordnet, sondern beigeordnet waren.

V.

Ein römischer Meilenstein, gefunden beim Bau der neuen Strafse, welche Dikeli koei (Atarneus) mit dem Innern verbindet. Er liegt ungefähr 100 Schritt von dem kleinen Stationshäuschen entfernt, welches sich gerade halbwegs zwischen Bergama und Dikeli koei befindet.

M/AOVILLIVSM/F
COS
CXXXI
ΟΣ///ΚΥΛΛΟΣΜΑΝΙΟΥ
ΥΠΑΤΟΣΡΩΜΑΙΩΝ
ΡΛΑ

M.' Aquillius M.' F.
Cos.
CXXXI
[Μαν]ιος Ἀκυλλος (sic!) Μανίου
ὕπατος Ῥωμαίων
ρ(λα?)

M.' Aquillius M.' f. war Proconsul. von Asien a. u. c. 625—628. C. I. L. pg. 460. Waddington fastes des provinces Asiatiques pg. 665. Er übernahm die definitive Regulierung der neuen Provinz Asia nach Perpennas plötzlichem Tode (Mommsen R. G. II. pg. 52). Ein zweiter Meilenstein des Proconsuls Aquillius ist zwischen Aïdin und Omerbeili gefunden worden. C. I. G. 2920. C. I. L. I, 557 pg. 157. Die Fassung beider Inschriften stimmt wörtlich überein. Ueber ὕπατος Ῥωμαίων Mommsen zu C. I. L. l. c."

H. Gelzer.

Alt-Smyrna

(Tafel IV. VI.)

von

Dr. Gustav Hirschfeld.

Der Golf von Smyrna ist von einem weiten Kranze mannigfaltig geformter Berge umgeben; von Norden her einströmend, dann durchaus nach Osten gewendet greift er in den Umriſs des Küstensaumes tief hinein wie ein Haken, als dessen Fortsetzung und Spitze die dem Meere abgewonnene Ebene von Burnabat zu betrachten ist. Südlich wird diese von den Ausläufern der Gebirge begränzt, welche sich in ununterbrochener Folge als Tachtalū-dagh, Nif-dagh, Mahmud-dagh, Boz-dagh u. s. w. nach Osten ziehen, und deren übersichtlicher Zusammenhang am Smyrnäischen Meerbusen von den Alten bereits hervorgehoben wird[1]). Im Norden setzt sich die Ebene an den Fuſs des hohen Massengebirges, welches ebenfalls von West nach Ost streicht und von den Alten in seiner ganzen Ausdehnung mit dem Namen des Sipylos bezeichnet zu sein scheint. In der That zerfällt es in eine niedrigere westliche Hälfte, Jamanlar-dagh, und in eine höhere östliche, den Manisa-dagh, welche ein kleinerer Zug, Sabandscha-beli, mit einander verbindet. Von dem Knoten, welchen dieser mit dem östlichen Fuſse des Jamanlar bildet, löst sich als drittes Glied ein Arm los, welcher in geschwungener Linie zu den gegenüberliegenden südlichen Bergen läuft und so das Thal zwischen diesen und dem Sipylos in zwei ungleiche Hälften zerlegt. Die kleinere vordere derselben ist eben das Alluvialland um Burnabat, von mehreren kleineren Gewässern durchflossen, welche bei der Kürze ihres Laufes unvereinigt in das Meer gehen; eines derselben, das hauptsächlich dem Kys-göl d. i. Mädchensee entspringt, wird von Einigen als der Meles der Alten angesehen[2]). Der östliche längere Theil des bezeichneten Thales geht in die weite Hermosebene über; auch er wird von einem kleinen Flusse, dem Nif-tschai durchzogen, welcher mit scharfer Biegung um den Ostfuſs des Manisa-dagh herum dem Hermos zueilt.

Der Sipylos, ein Gebirge vulkanischer Natur, erhebt sich an der nördlichen Seite und besonders in seiner Osthälfte steil und mächtig wie ein steinerner Wall; weniger schroff ist der Abfall nach Süden; seinen westlichen Fuſs umflieſst der Hermos, welcher aus einer kurzen aber engen Felsenpforte mit entschiedener Wendung nach Süden hervorströmt und sich nun, vor seinem Eintritt in das Meer, über eine breite stetig anwachsende Niederung in vielen Armen ergieſst. Hier am den Westfuſs des Berges legt sich ein fächerförmiges System von Verzweigungen, von welchen einige, bei der vorwiegenden Disposition des Gebirges zu Kuppenbildungen, noch zu beträchtlicher Höhe ansteigen. Ueber dem Busen von Smyrna ziehen sich dieselben in der Richtung von Nordost nach

Südwest; einer dieser Ausläufer, gerade über dem nordöstlichen Winkel des Golfes, ist einerseits durch seine Lage, vor allem aber durch die Trümmer menschlicher Werke, welche er trägt, besonders ausgezeichnet. Dem Burgberge von Neu-Smyrna, dem Pagus ungefähr gegenüber erhebt sich seine steile Spitze mehr als 1200 Fuſs hoch, nach Nordosten von einer weniger ausgebildeten Kuppe durch einen kleinen Sattel geschieden. In der Hauptrichtung d. i. nach Südwesten fällt die Höhe mit einem schneidigen Rücken ab, erhebt sich zu erneuter Bildung von drei kleinen Kuppen, und setzt dann jenseits der Schlucht eines Baches die ursprüngliche Richtung noch in einem Hügel fort, welcher zwar nach allen Seiten sich mehr ausbreitet, aber ebenfalls noch in einer Kuppe gipfelt. Im Nordosten schliefst der ganze Zug sich an das Hauptgebirge an, nach Nordwesten fällt er schroff gegen ein Thal ab, das ihn von einem anderen Ausläufer trennt, nach Südosten findet die breiteste Entwickelung statt: hier besteht die äussere, westliche Seite, welche sich am Bett des Baches, dann am Küstensaume hinzieht, aus einer Folge sehr flacher, aber recht entschieden abfallender Schluchten, welche südlich, über der Ebene von Burnabat in einem ziemlich weit vorgeschobenen gekuppelten Kap ihren Abschluſs finden; diesem gegenüber steigt inselartig eine kleine Höhe, Hadji-Mudjor gegenüber, empor. Gegen die Ebene sodann neigt sich der ganze Zug — von der Steilheit der Kuppen abgesehen — zunächst sehr allmälich, bildet seitlich noch einmal eine Kuppe und fällt dann nicht allzu sanft in gewelltem Zuge hinab gegen Burnabat.

Das bezeichnete Terrain wurde schon von früheren Reisenden wie Pococke, Chandler, Prokesch von Osten, Hamilton beachtet und mehr oder weniger genau beschrieben; Texier hat demselben in seinem Werke eine längere Besprechung und mehrere Tafeln gewidmet, unter welchen sich auch eine Aufnahme befindet. Leider muſs dieselbe beinahe als werthlos bezeichnet werden, denn die elegant gezeichneten Formen entsprechen der Wirklichkeit in keiner Weise: der Küstensaum bildet in Wahrheit fast einen rechten Winkel, — bei Texier ist er eine gerade von West nach Ost verlaufende Linie; die zusammenhängende Gliederung nach Erhebungen und Senkungen ist vollkommen auſser Acht gelassen, sogar die Richtung der wesentlichsten Punkte zu einander und ihre Entfernungen gänzlich verfehlt[3]) Unter diesen Umständen entschlossen wir uns bei unserem Besuch im September 1871, von dem wichtigen Terrain eine eigene Aufnahme zu versuchen. Wir waren nur im Besitz eines Croquirtisches mit Diopterlineal, die Sorgfalt der Aufnahme beruhte wesentlich auf einer Person, dem H. Major Regely, und überdies war unsere Zeit beschränkt: so kann von Genauigkeit in jedem Einzelnen nicht die Rede sein, — nur soll die Skizze in der allgemeinen Angabe der Formen wahr und in den Richtungen und Entfernungen genau sein, um eine sichere Grundlage für die Beschreibung abzugeben[4]).

Am bequemsten für den Besuch des Terrains landet man an der Scala von Bakjes. Schon von Smyrna hebt sich das dreieckige kleine Vorland mit seinen grünen Weingärten auffällig hervor. Gelandet überschreitet man zuerst die Bahnlinie der Smyrna-Kassaba Eisenbahn und erreicht nach 10 Minuten das Bett des Baches, der sich in mehrere Arme spaltet, dessen Hauptlauf aber hart am Fuſs der östlichen Höhen entlang sich zum Meere windet. Im Sommer ist das Bett fast völlig trocken, doch erhalten sich Myrten und Oleander in ihm grün und frisch; die zerklüfteten Ufer und die schweren Steine im Bette verrathen die Gewalt des Wassers zur Regenzeit. Wenn man an dem Bach zwischen den immer enger zusammenrückenden Höhen etwa 10 Minuten hinaufgestiegen ist, verläfst man die Hauptschlucht, welche sich in nordwestlicher Richtung emporzieht und geht einer nordöstlichen Seitenschlucht nach. Hier tritt der lebendige Fels, ein röthlicher Trachyt oder weifser Trachyttuff, unter der dünnen Erdrinde häufig zu Tage. Zuletzt an einem sehr steilen Abhang emporklimmend, wo sich hie und da Spuren eines eingehauenen Pfades zeigen, gelangt man nach 10—12 Minuten auf den Sattel, welcher sich zwischen den drei unteren kleinen Kuppen befindet. Die zwei zur Linken, westlich, gelegenen derselben bieten kein besonderes Interesse; die östliche, ein röthlicher, nackt aus der Erde schiefsender Trachytfels von etwa 15 M. Länge aber geringer Breite, fällt nach drei Richtungen hin fast senkrecht ab und ist nur von den Seiten her im Norden zugänglich, wo ein Stück eines hohlen Weges zwischen dieser Kuppe und einer kleinen nordwestlichen Erhebung wie ein Engpafs hindurchführt. Der Fels, welchen ein natürlicher Rifs in eine östliche gröfsere und eine westliche kleinere Hälfte spaltet, ist oben durch Menschenhand geglättet. Auf die kleinere Platte führen sieben in den Stein gehauene Stufen, welche jetzt von Gebüsch umwuchert und zum Theil verdeckt sind; ebenso ersteigt man die gröfsere Plattform auf sieben sehr langen Stufen und steht oben fast unmittelbar vor einer rechteckigen Vertiefung (2,08 lg., 0.90 br., etwa 1,00 tief) im Felsen, welche regelmäfsige Linien umziehen, und in deren Nähe kleine viereckige Höhlungen sich befinden. An der südlichen Seite ist eine wohl durch Absturz verminderte Zerklüftung im Felsen, deren Boden, nunmehr nur ein kleines Stück, geglättet ist, und an deren einer Seite zwei Stufen oder Sitze vorhanden sind.

Vor dieser merkwürdigen Anlage d. h. im Norden befindet sich eine geebnete Fläche, westlich durch eine gerade Reihe von Felszacken begränzt, welche an einigen Stellen zu Steinlagern ausgearbeitet sind. Unterhalb derselben befindet sich ein gröfserer geebneter Raum, von Gebüsch bestanden. An jene natürliche Schranke schliefst sich im rechten Winkel eine Flucht aus der Erde ragender Steine von etwa 1,50 Breite, welche mit dem Felsen parallel sich ungefähr 15 M. weit hinziehen und sich nach einer leisen Einbiegung da verlieren, wo die Fläche sich nach Osten zum jenseitigen Sattel hinabsenkt; auch hier sind unterhalb noch einige Stufen im Boden zu erkennen. Wiederum mit jenem Zuge parallel läuft eine Reihe von Steinen, welche eine Seite des erwähnten Wegstückes einzufassen scheinen. Einige Steine deuten noch auf eine Querschranke, von dem langen Mauerzuge auf den Rifs des Felsens gerichtet. In der so entstehenden kleineren westlichen Hälfte befindet sich eine Einsenkung im Boden, welche auf eine runde Anlage, etwa einen Wasserbehälter deutet[5]).

Diese Felskuppe blickt mitten über die Hauptschlucht des Baches hinaus, dem Pagus von Smyrna gerade entgegen; von ihr überschaut man den Hafen, die Stadtebene drüben und die Küste weit hinunter. Vom jenseitigen Ufer gesehen bietet der Punkt zunächst nichts Auffälliges, — einmal auf ihn aufmerksam geworden erblickt man ihn stets wie in engster Zusammengehörigkeit mit der höchsten Spitze, deren Rücken wie eine scharfe Schneide sich anscheinend unmittelbar an ihn ansetzt, und zu welcher er wie ein Vorspiel, wie ein Vorwerk zur Veste erscheint. Wie die geglättete Plattform noch ausgestattet war, ob die Vertiefung etwa ein Grab gewesen sei, und ob so die Stätte auch noch eine heilige Bedeutung gehabt habe, alles dies scheint sich bis jetzt einer sicheren Entscheidung zu entziehen. (Siehe T. IV 'Warte' und T. VI, 4.)

Ein kleiner Sattel geleitet zum Abhang der Haupthöhe, zu welcher der kürzeste und steilste Weg auf der Schneide des Rückens emporführt, doch ist es kaum weniger mühsam, von einer der seitlichen Schlachten hinaufzuklimmen. Keine Pfadspur führt zwischen das lose Geröll hindurch, häufig tritt der nackte Fels zu Tage, wie bemerkt, ein weisser Trachyttuff oder Trachyt, der einen ziemlich regelmäfsigen und so oft irre leitenden Bruch hat; ein kümmerliches Grün nährt sich auf der spärlichen Erdlage. Besonders steil und beschwerlich ist das letzte Stück der Wanderung, die eigentliche Kuppe, welche man auf geradem Wege in 30 Minuten erreicht. Hier sind die Mauerreste, welche von den Smyrnäern als Tantalosburg bezeichnet werden (s. den Plan T. IV). Das Plateau, kaum 50 M. lang, weniger noch breit, ist jetzt zum gröfseren Theile mit einer Erdschicht bedeckt, aus welcher die Bausteine nur wenig hervorragen. Südlich wird es durch einen jähen Absturz geschützt, westlich ist der Aufgang absichtlich erschwert durch Bearbeitung des Felsens, welcher dabei zugleich Baumaterial lieferte; nach demselben System ist im Norden, wo sich an die Spitze zunächst ein kleines ebenes Terrain anschliefst, ein langer und breiter Graben in den Fels getrieben, welcher jetzt von herabgestürzten Steinen fast gefüllt ist. An seiner äufsern Seite zog sich noch eine Mauer entlang, an seiner innern entstand eine steile Felswand, welche ein schöner Mauerrest noch nach oben hin fortsetzt. Dieser Zug und der andere hier an der nördlichen Seite bestehen aus regelmäfsigen schiefwinkligen und rechteckigen Quadern (z. B. 1,11 lg., 0,82 hoch, 0,70 br.), welche meist nur noch in einer Schicht erhalten und theilweise im natürlichen Felsen gebettet sind. Im Osten ist in einem flachen und nicht kurzen Sattel, welcher zu der zweiten, weniger ausgebildeten Erhebung führt, ein natürlicher Vorraum gegeben: hier zieht sich von der abgeböschten Nordostecke an eine kyklopische Mauer etwa 37 M. entlang, in deren unterem Theile sich der einzige noch wahrnehmbare Eingang befindet, eine kleine, 1,17 breite Pforte, aus überkragenden Steinen gebildet, und, entsprechend einer zweifachen Thorwand, von zwei gewaltigen Steinbalken (1,55 und 1,98 lang, 0,92 und 0,76 hoch, 0,43 und 0,55 breit) hinter einander überdeckt.

Von der Südostecke zieht sich dann ein Stück Mauer hinunter, deren Richtung eine bearbeitete Felswand noch mehr als 15 M. fortsetzt. Der ganze Vorraum ist von herabgestürzten Steinen bedeckt, doch unterscheidet man noch ohne Mühe den Rest von zwei unteren, vielleicht nur zur Terrassierung bestimmten Mauerzügen. Gleich hinter dem Thore thürmen sich Steinhaufen und Erde empor, dergestalt, dafs die Mauer nur einer Futtermauer gleicht, was sie an ihrem unteren Theile wohl auch im Alterthume war. Die auf der Zeichnung angedeutete Vertiefung ist ganz mit Steinen gefüllt[4]); die beiden runden Einsenkungen deuten wohl auf Wasserbehälter, welche jeder Burg unerläfslich sind und durch eine aufsen gelegene Cisterne, wie der Graben es zugleich gewesen sein mag, nicht ersetzt werden konnten. Die Grundmauern, welche sich innerhalb der Burg finden, bestehen aus Quadersteinen. Der Verein von Quaderbau, polygonalem und kyklopischem ist auffallend, steht aber nicht vereinzelt da, und ist oft gewifs nicht auf späteren Ausbau als vielmehr auf eine erhöhete Sorgsamkeit zurückzuführen, welche man einzelnen Theilen aus irgend einem Grunde angedeihen liefs[7]); Futtermauern aber, und eine solche ist die vordere Mauer in ihrem unteren Theile, wurden sehr lange Zeit hindurch aus unbehauenen Steinen ohne Bindemittel erbaut.[8])

Soweit sich erkennen läfst, folgt der Zug der Mauern genau dem Umrisse des

kleinen Plateaus, indem er sich zugleich den Formen der einzelnen Felsen auf das engste
anschliefst [9]); eine Erscheinung, welche sich bei den meisten Bergvesten des Alterthums
wiederholt. Von dieser Burg blickt man nach allen Richtungen frei und ungehindert,
Niemand kann von irgend einer Seite nahen, weder zu Wasser noch zu Lande, ohne von
dieser Warte aus sogleich bemerkt zu werden.

Nach Südosten blickend haftet das Auge an einer Kuppe, welche sich von dem
in sanften Wellen abfallenden Zuge leise abhebt. Nur der Weg von der eigentlichen
Spitze hinab ist noch abschüssig und beschwerlich, besonders wieder durch das vielfach
zerstreute Geröll, das jedem Schritte hinderlich ist; dann befindet man sich auf einem
Terrain, welches fast mehr einem Tafellande, als einer geneigten Fläche gleicht, und
ebenfalls mit zahllosen Steinen besäet ist. Der Felsen blickt allerorts aus dem spärlichen
Erdreich, und seine regelmäfsige Bruchart verführt auch hier zu der irrthümlichen Annahme von künstlicher Bearbeitung und von Mauern [10]). Die erwähnte Kuppe, welche
von der Burg 30—35 Minuten entfernt ist, trägt den Bau, welcher als das Grab des
Tantalos bezeichnet zu werden pflegt. Auf einer runden (Dm. 33,60) fast mannshohen
Basis, welche aus kleinen Bruchsteinen ohne Bindemittel sorgsam gefügt ist und einst
durch ein Gesimse abgeschlossen war, erhob sich ein aus Steinen aufgeschütteter Kegel,
dessen Spitze durch einen steinernen Phallus gebildet wurde. Texier zerstörte den Kegel
und fand, nach unserer Beobachtung nicht ganz in der Mitte [11]), eine Grabkammer,
welche rechteckig und 3,55 lang, 2,17 breit und 2,85 tief ist; durch die überkragenden
Steine der Seitenwände ist eine Scheinwölbung hergestellt, welche oben durch Deckplatten
abgeschlossen war; die kurzen Seiten sind senkrecht [12]). Um diese Kammer legt sich
eine runde Ummauerung von 7,00 Durchmesser, um welche sich ein anderer concentrischer
Kreis zieht, welcher mit der innersten Rundung durch 8 Mauerriemen, mit der inneren
Seite der Basis durch 16 verbunden ist. Mit diesem Bau beginnt ein ausgedehntes
Todtenfeld; aber derselbe ist durch Gröfse und herrschende Lage als ein Hauptgrab ausgezeichnet: schon seine Entfernung von den übrigen dicht zusammengedrängten Anlagen
derselben Art verräth, dafs man einen besonders bezeichnenden Platz für dasselbe suchte.
Die eigentliche Nekropolis, aus etwa 25 Hügeln bestehend, von welchen unsere Karte
nur die äufseren Gränzen angeben soll, findet sich auf den mit Geröll übersäeten Abhängen, die erst in milder, dann entschiedenerer Neigung sich zur Ebene von Burnabat
hinabziehen. Immer erhob sich auf einem runden, ohne Bindemittel gefügten Unterbau,
welcher meist im Felsboden fundamentirt ist, der aus Steinen aufgehäufte Kegel, welchen
ein Phallus abschlofs. Nicht selten liegen zwei Tumuli dicht beisammen (10, 11 unserer
Karte), sogar durch eine Mauer verbunden (bei 16), auch enthält einer derselben (17)
zwei Gräber [13]). Die Stätte scheint durch ein Erdbeben erschüttert zu sein: der Kegel
ist zusammengesunken, auch der Unterbau hat nicht selten sehr gelitten, bisweilen ist
nur ein kleiner kreisrunder Erdwall übrig geblieben (2, 3). Daneben, oft ganz von Erde
überdeckt, ruhen die Phallen, welche meist aus dem röthlichen Trachyt gebildet sind;
nur einen bemerkten wir aus weifsem Kalkstein, kunstvoller als die übrigen. Ihr unteres
Ende ist vierkantig wie eine Basis und zum Einsetzen in die Spitze des Kegels bestimmt;
ihre Gröfse steigt von 0,75 bis auf 1,50 M. Das Steingefüge der Unterbauten ist sehr
mannigfaltig, denn wenn auch zum gröfsten Theile regelmäfsige Polygonquadern verwendet sind (z. B. 4, 6, 8, 9, 16), so nähert sich doch auch der Bau bisweilen einerseits

dem kyklopischen (7), andererseits dem regelmäfsigen Schichtenbau[14]) (5, 17 beide besonders wohlerhalten und ausgezeichnet). Nicht viele haben an der Seite einen Eingang (17, bei 8 aus Quadern gebildet, welche 1,40 br. 2,46 lg. sind). Die innere Struktur besteht nach Texier bisweilen aus Mauerlinien, welche sich um das Grab kreuzen und eine besondere Festigkeit verbürgen sollen. Das Grab ist in den mit Eingängen versehenen Hügeln eine Kammer: sonst ist es nur bei den völlig zerstörten wahrzunehmen und befindet sich in diesen stets unter dem Erdniveau, entweder aus behauenen Steinen gebildet oder in den lebendigen Felsen getrieben. Dann zieht sich oben um die Vertiefung ein Falz, welcher zur Aufnahme der Deckplatten bestimmt war. Die Grube ist gewöhnlich etwa 2,00 lang und zieht sich öfter in der Richtung der Längenachse ein wenig ein. Texier behauptet (S. 252), dafs alle Gräber von Osten nach Westen orientirt seien, bis auf das Tantalusgrab, das nordsüdliche Richtung habe; 10 unserer Karte hat indessen z. B. Südwest-Nordost, 11 dagegen Westnordwest-Ostnordost[15]).

Unter der Erde liegende Gräber finden sich südwestlich von diesem Todtenfelde an den Abhängen des vorgeschobenen Kaps. Neben einem derselben ist aus dem lebendigen Felsen ein Rechteck herausgearbeitet, welches an der einen kurzen Seite zwei flache Höhlungen hat, etwa wie zur Aufnahme von Gefäfsen. In einem Grabe, welches (durch Herrn Spiegelthal) in unserer Gegenwart geöffnet wurde, fanden sich aufser den Gebeinen und schlechten Thonscherben ein paar späte Bronzemünzen von Erythrae[16]). Auf spätere Benutzung möchte das Grab eines ganz zerstörten Tumulus schliefsen lassen, das von sehr rohen Platten gedeckt war, und in welchem sich ein bronzener Henkel, ein kleines gerilltes Thongefäfs und eine kleine Bronzemünze von Klazomenai, mit dem geflügelten Eber, noch vorfanden.

Reste einer städtischen Ansiedelung, welche zwischen Burg und Gräbern vorausgesetzt werden mufs, haben wir auf diesen Abhängen vergeblich gesucht: das Mittelglied zwischen der verfallenen Burg und dem trümmerhaften Gräberfelde ist vollkommen herausgebrochen. Hierin liegt auch die hauptsächliche Schwierigkeit, eine annehmbare und passende Deutung für die Anlagen zu finden, welche in ihrer fremdartigen Erscheinung wie ein Räthsel vor uns liegen. Texier benennt die Stätte nach dem sagenhaften Ort Sipylos, in dem Hauptgrabe erkennt er das von Pausanias (II, 22, 3. V, 13, 8) erwähnte Grab des Tantalos, in einer kleinen Wassersammlung in der Nähe desselben den berühmten See Saloe, dessen Durchmesser 100 M. betrage; diesen giebt Hamilton, welcher die Stätte in demselben Jahre (1835) und um dieselbe Zeit besuchte, auf 30' an; ich kann völlige Trockenheit für den September (1871) bezeugen. Freilich ist in vulkanischer Umgebung das Hervortreten und Verschwinden von Quellen und Seen sehr wechselnden Umständen unterworfen. Das Uebereinstimmende der alten Nachrichten über die Sipylostadt besteht aber darin, dafs diese einem durchgreifenden Gottesgericht unterlegen sei: der Berg zerreifst, Wasserströme stürzen hervor, und der Sumpfsee Saloe verschlingt die Stadt[17]). Immer findet also die gründlichste Zerstörung statt, es meldet nur der Mythos davon, dessen Richtigkeit Strabo aus geschichtlich überlieferten Erdbeben nachzuweisen sich bemüht[18]). Dies Alles pafst nicht auf unsere Trümmer. Ueberdies dachte man sich, wie es scheint, die sagenhafte Stadt auf der Höhe des Berges, denn sie ist ein Ruheplatz der Götter[19]), und dies gilt, soviel ich sehe, immer nur von hohen Bergspitzen; auch „des Pelops' Thron" liegt „auf dem Gipfel des Berges" (Pausan. V, 13, 7). Chandler und Hamilton sahen daher als das Lokal dieser Sage die sumpfreiche Niederung im Osten von Magnesia an, wo der Sipylos wie eine steinerne Wand aus der Ebene steil emporschiefst[20]). Zwei Stunden von Magnesia befindet sich ein gröfseres stagnirendes Wasserbecken, welchem man erst in den letzten Jahren eine sagensreiche Ablenkung verschafft hat; seitwärts von diesem See ist der hohe Felsen durch einen Rifs von oben bis auf den Grund gespalten, und zahllose kleinere Zerklüftungen deuten auf die Gewalt einer natürlichen Umwälzung. Gerade über dem Wasserspiegel in einer Höhe von 35—40 M., die man mühsam zwischen wilden Lorbeerbüschen hindurch ersteigt, findet sich das berühmte Felsenbild, welches man jetzt als dasjenige der Niobe zu betrachten pflegt, das schon im Homer (Ilias XXIV, 614 ff.) beschrieben, auch von den Späteren nicht selten erwähnt wird. Anderen schienen die Beschreibungen auf das Werk nicht zu passen[21]), und sie ziehen vor, in demselben die Göttermutter zu erkennen, von welcher Pausanias sagt, dafs sie im Gebiet der Magneten sich befinde, und dafs über ihr „der Thron des Pelops" sei. Jedenfalls bleibt auch dieses Bild eine Stütze für die Annahme, dafs die Alten hierher das Lokal der Sipylosstadt verlegten, und überdies hat man schliefslich das Recht, die Worte des Plinius (II, 205) und des Strabo als ein ausdrückliches Zeugnifs hierfür in Anspruch zu nehmen (s. Anm. 17 u. 18).

Die Denkmäler vom smyrnäischen Meerbusen stehen aber nicht zusammenhangslos da: es ist bemerkt worden, dafs auf keinem Punkt der alten Welt so wie in Lydien die Erdhügel als „nationale Gräberform" auftreten[22]). Nun sind die mit dem Phallus bekrönten Grabhügel bei Smyrna die Ausläufer einer ununterbrochenen Kette deutlich erkennbarer Tumuli, welche als die dauerhaftesten Wahrzeichen die uralte Heerstrafse von Sardes nach dem westlichen Gestade bald einzeln, meist in Gruppen begleiten, und in dem berühmten Gräberfelde südlich vom Gygäischen See (Mermereh-göl) ihren Abschlufs, oder besser ihren Ausgangspunkt finden. Hier zählt man von der sardischen Burghöhe aus 70—80 solcher Anlagen, von welchen ein Theil den smyrnäischen in jeder Einzelheit zu entsprechen scheint[23]). Der Zusammenhang dieser Ufer mit Tantalus und dem lydischen Reiche wird aber auch durch unverächtliche schriftliche Zeugnisse bestätigt: einmal gilt Smyrna als eine Tantalidengründung unter dem Namen Naulochon[24]), und zugleich wie zum Belege für diese Benennung erzählt Herodot, dafs ein Theil der Lyder, durch Hungersnoth zur Auswanderung gezwungen, unter des Tyrsenos Führung nach Smyrna hinabging, um Schiffe zu bauen für die Ausfahrt[25]). Zu einem Haupthafen für das Binnenland war aber dieser Ort in vielfacher Beziehung vorzüglich geeignet. Der Golf von Smyrna mufs durch seine überaus günstige Lage und seine grofse Sicherheit von Alters her zu Schifffahrt und Handel angeregt haben; zwei bequeme Wege führen von hier in das Innere, der eine durch das Hermosthal, der andere, für dessen uralte Benutzung Herodotos Zeugnifs giebt[26]), südlich vom Sipylos an Nymphi vorüber. Damals zog sich der Golf noch tief hinein in die Ebene von Burnabat, und die Anhöhe gegenüber von Hadji Madjor war eine kleine Insel, welche, so ganz im Stil der ältesten Häfen, sich noch schützend vor den Eingang des Naulochon legte. Nach des Strabo Erzählung fanden die Städte gründenden Griechen hier, wie auch sonst häufig, eine ältere Ansiedelung der Leleger vor, deren sie sich unter Kämpfen bemächtigten. Sie gründen Alt-Smyrna „ungefähr 20 Stadien" vom späteren[27]), eine Entfernung, welche etwa auf den Fufs der Berge um Burnabat führt. Von hier ist die Ersteigung des Burgberges verhältnifsmäfsig am leichtesten, und es ist glaublich, dafs sie denselben als Veste beibehielten: denn wenn auch entfernt, war er doch an dieser Seite der Bucht der günstigste Punkt. Die Smyrnäer unterliegen dann den Angriffen des Alyattes (627)[1]) und wohnen nach der Zerstörung ihrer Stadt mehrere Jahrhunderte lang in kleine Gemeinden aufgelöst, bis sie unter Alexanders Nachfolgern in die bequeme Niederung unter dem Pagus, ihrer neuen Akropolis, übergesiedelt werden. So verödete das jenseitige unwirthliche Gestade, und gewifs ist es grofsentheils diesem Umstande zu danken, dafs so wichtige historische Zeugnisse, wie die Werke der älteren Bewohner es sind, uns bis heute erhalten blieben, während von dem hellenischen alten und neuen Smyrna nicht viele Reste vorhanden sind[2]).

Anmerkungen.

[1]) Plinius hist. nat. V, 118 Zmyrna...... montes Asiae nobilissimi in hoc tractu fere explicant se. Mastusia (*Tachtalú-dagh*), a tergo Zmyrnae et Termetis, Olympi radicibus junctis in Dracone (*Makmud-dagh*) desinit, Draco in Tmolo (*Boz-dagh*), Tmolus in Cadmo, ille in Tauro. Vgl. die Uebersichtskarte.

[2]) Arundel, Asia Minor II 363. W. J. Hamilton Researches in Asia Minor, Pontus and Armenia (London 1842) I 51ff. Bekanntlich gilt sonst der Flufs für den Meles, der südlich von Smyrna entspringt, den Pagus umfliefst und oberhalb der Stadt in den Golf fällt. Diese Annahme scheint mir wegen der Entfernung des anderen Baches auch wahrscheinlicher: Plin. V, 118 Zmyrna amne Melete gaudens non procul orto. Die Heilkraft des Meles C. I. G. II, 3165.

[3]) Texier, déscription de l'Asie mineure (Paris 1839—1849 3 voll.) II S. 249—260 und Taf. 129—131 bis. Bei der Bedeutung, welche dieses Werk als einzige Quelle für viele Angaben vielleicht noch auf lange Zeit behalten mufs, hat man geglaubt mit diesem Urtheile nicht zurückhalten zu dürfen. Dasselbe ist für die meisten anderen Abschnitte des Werkes um so gravierender, als der Verfasser nach eigener Angabe gerade bei Smyrna durch die bereitwillige Hülfe französischer Marine unterstützt wurde. Wem die angegebenen Versehen und einige noch anzuführende unglaublich vorkommen, der möge nur die Zeichnung des bekannten Felsenbildes bei Nymphi (II Taf. 132) mit der Kiepertschen (Archäol. Zeitung 1843 Taf. II) vergleichen.

[4]) Die Bahnlinie der Smyrna-Kassaba-Eisenbahn bot die passendste Basis dar. Wir mafsen eine Linie von ungefähr 500 mètres im Anschlufs an die Telegraphenstangen und sogen auf der Tafel zunächst von den zwei Endpunkten Richtungslinien nach etwa 20 bezeichnenden Punkten, welche zur Controlle von zwei Zwischenstationen aus noch einmal visiert wurden. Einige Winkel wurden noch mit einer Schmalkalderschen Patentbussole bestimmt, welche Herr von Möllhausen in Smyrna uns zur Verfügung stellte. So waren die Richtungen und Verhältnisse fest gelegt, dann wurde abgeschritten und croquiert und endlich um das so entstandene Gerippe von mehreren Höhen aus die Formen des Terrains angelegt. Die höchste Spitze ist auf der englischen Seekarte zu 1246' bestimmt; da durch solche Angaben die Anschaulichkeit bedeutend gewinnt, so wurden noch einige andere Höhen mit einem ebenfalls von Herrn von Möllhausen entlehnten Theodoliten gemessen.

[5]) Diese Anlage scheint bisher nur von Texier (S. 260) bemerkt zu sein, welcher sie im Zusammenhang mit seiner ganzen Hypothese für den „Thron des Pelops" hält (Pausan. V, 13, 7); aber er hat dieselbe entweder zu spät oder nur aus grofser Höhe gesehen, da er sie in seine Karte nicht eingetragen hat und sie nur ganz beiläufig erwähnt; obenein mit falscher Angabe der Richtung, Westnordwest von der Spitze aus statt Südwest.

[6]) Dies ist wohl Texiers (S. 254) *couloir obliqus*, in welchem er einen Brunnen vorfand: „*sans doute le puits de quelque oracle*"!

[7]) Bekannt ist die Erscheinung in Mykenai (expédition de la Morée II Taf. 64 65), wo nur am Haupteingange der gewaltige Quaderbau auftritt. Merkwürdig ist in dieser

Beziehung auf der Insel Aegina unterhalb des Oros die Mauer der Terrasse, welche einst das Heiligthum der Artemis Aphaea (Pausan. II 30, 3) trug, jetzt eine verfallende Kapelle des Erzeugels Michael: an der Ecke Quadern, dann regelmäfsiger Polygonalbau, endlich Anhäufung der Steine, wie sie brechen; allerdings bricht das Material, ebenfalls Trachyt, ziemlich regelmäfsig. Ein Beispiel häufiger Ausbesserung oder Erweiterung scheinen mir die von v. Hahn und Ziller aufgedeckten Mauern auf dem Hügel oberhalb Bunarbaschi in der Troade, sie geben eine wahre Musterkarte ab von dem schönsten und anscheinend ältesten Gefüge bis hinab zum liederlichsten. Im Allgemeinen war es für den Stil der Mauern sicherlich von bestimmendem Einflufs, ob das gerade zugängliche Material sich leichter oder schwerer bearbeiten liefs. Vgl. auch Semper, der Stil II S. 356ff.

⁸) So findet sich eine Terrassenmauer mehr als 60 Schritt lang im Piräus in der hippodamischen Stadt.

⁹) Bei Texier Taf. 131 bis 2 besteht die Burg aus einem in der Mitte getheilten Rechteck; da er Nachgrabungen anstellen konnte (S. 254), so mufs man wenigstens zugeben, dafs er vielleicht jetzt wieder verborgene Züge sah. Ich fand unter den Trümmern schwarz gefärbte grobe Ziegelstücke und das Fragment eines sehr grofsen von zwei Rundleisten umzogene Gefäfsrandes aus noch gröberem Thon, in welchen kleine Steinchen hineingehacken sind. Texiers Mafse stimmen mit den hier gegebenen (vgl. auch das Kärtchen) selten überein, aber ebenso wenig immer mit seinem eigenen Mafsstabe auf den Tafeln: z. B. giebt er die Länge der Grundmauer innerhalb der Burg auf 30 M. an, nach seinem Mafsstabe sind sie aber kaum 15 M. lang, und in Wahrheit, soweit sie jetzt wenigstens sichtbar sind, haben sie auch hiervon nicht einmal die Hälfte.

¹⁰) Texier hat sehr ausgedehnte Mauerreste, welche sich von der Tantalusshöhe bis in die Nähe des Grabes erstrecken; auch das am weitesten vorgestreckte Kap des Gebirgszuges trägt bei ihm solche Spuren. Ich kann nur W. J. Hamilton (researches I, 49) beipflichten, welcher die Ausdehnung der Mauern bei Texier für zu grofs und den gröfseren Theil (besser alle) für modern hält. Ihre Lage ist überdies so unrichtig als möglich gezeichnet, denn der Hauptzug streicht auf dem gelinden Abhang zwischen Burg und Grab auf das Meer zu. Es sind ganz niedrige Züge aus losen Steinen, welche theils zu Hürden theils zum Stützen des kostbaren Erdreichs gedient haben können. Auch die Höhe jenseits des Baches ist von solchen Mauern überzogen. Dasselbe Urtheil trifft übrigens nach Hamilton — uns sind diese Anlagen zufällig entgangen — die von Steinen umgränzten Räume, in welchen Texier alte Wohnhäuser erkennt (*les restes d'un palais pélopide*" S. 255 Taf. 131, 1).

¹¹) Dieselbe Erscheinung findet sich z. B. beim Grabhügel des Alyattes, s. v. Olfers, über die lydischen Königsgräber bei Sardes und den Grabhügel des Alyattes, Abhdlgn. der Berl. Akad. 1858 S. 547, und beim sogenannten Augehügel nahe von Bergama, s. E. Curtius, preufsische Jahrbücher XXIX, S. 11. Dadurch wurde das Auffinden der Grabkammer, besonders in gröfseren Anlagen, sehr erschwert. — Es ist auffallend, dafs Texier ganz verschweigt, ob er in dem Grabe (Taf. 130, 1, 2) etwas gefunden habe. In Smyrna sprach man von einem Mosaik am Boden desselben, welchen wir wegen der vielen hineingestürzten Steine nicht sehen konnten.

¹²) Wohl bei Texier Taf. 131, 6, aber dann ohne sein Wissen, vgl. seine Erklärung.

¹³) Doppelgipflich ist der Tumulus bei Bergama, welcher von den dortigen Griechen grundlos als Hügel des Pergamos und der Andromache bezeichnet wird (bei Pausan. I, 11, 2 ein Heroon des Pergamos). Drei Kammern finden sich im Grabhügel der Auge und ebenso viele in einer der Anlagen am Gygäischen See, v. Olfers, Abhd. der Berl. Akad. 1858 S. 542f.

¹⁴) Es ist bemerkenswerth, dafs auch der Grabhügel des Alyattes sowohl an der Basis wie in der Grabkammer vollkommen regelmäfsigen Schichtenbau aufweist, (vgl. Anm. 7) s. v. Olfers, S. 548, Taf. II, 4. IV, 2, die Marmorquadern sind dort durch einen bleiernen Schwalbenschwanz verbunden (Taf. III, 4). Dafs mit dem Steinaufsatze

(a. a. O. Taf. III, 1, 2) ein Phallus gemeint war, stellt der Verfasser gewifs mit Unrecht in Abrede.

¹³) Texier giebt den Durchmesser von 12 Gräbern an, die mit den unsrigen nicht identificirt werden konnten; die Zahlen sind 18; 9; 17; 17; 21; 16; 13, 80; 32; 21, 50; 9; 13, 40; 11. Nr. 7 unserer Karte hat einen Durchmesser von 6, 80, also den kleinsten; seine Mauerstärke beträgt 2,00. Die regelmäfsigen Polygonquadern von Nr. 6 sind in der untern Lage etwa 0,80 hoch, 0,90 lang. Die Quadern von 17 in zwei oberen Lagen etwa 0,70 lang, 0,60 hoch; ein Stein in der unteren 1,54 lang, 0,31 hoch. — Ein Phallus bei Texier Taf. 131, 5. Grundrisse von Gräbern Taf. 131, 3, 4.

¹⁴) 1) Ἱερὰ συμπλητος, Kopf derselben, ℞ Tyche in einem viersäuligen Tempel stehend ἐπὶ στρατηγοῦ Ἀττάλου ἀφ[υπάτου vgl. Mionnet supplém. VI, 220 Nr. 947.

2) Stehender Herakles. ℞ die Kaiserin Salonina Ἐρυθραίων.

¹⁵) Allgemein Aristoteles, Meteor II, 8: τὰ περὶ Σίπυλον ἀνετράπη, dann Strabo I, 58 C: Σίπυλος κατεστράφη κατὰ Τανταλου βασιλείαν καὶ ἐξ ἑλῶν λίμναι ἐγένοντο. Pausanias VII, 24, 13 in einer verderbten Stelle .... ἡ ἰδία κατιαγη τοῦ ὄρους (den Sipylos), ὕδωρ αὐτόθεν ἐρρύη, καὶ λίμνη τε ὀνομαζομένη Σαλόη τὸ χάσμα ἐγένετο κτλ. Aristides I, 372 f. Dind. ἡ μὲν οὖν πρεσβυτάτη πόλις ἐν τῷ Σιπύλῳ πνίξεται ...... (372) ἱκέτης μὲν οὖν αἱ Νύμφαι δίγονται, καὶ νῦν ἐστὶν ὕφαλος, ὑπιλθοῦσα τὴν λίμνην ὥς φασιν. Plinius hist. nat. V, 117 zählt fünf Städte auf, welche durch Erdbeben an jener Stelle zu Grunde gingen, wobei nunc est stagnum Sale; wenn er dann fortfährt: regredientibus inde abest — XII p...... Zmyrna, so weifs ich mit dieser Zahl um so weniger anzufangen, als er selber (II § 205) sagt: ipsa se comest terra, devoravit .... Sipylum in Magnesia et prius in eodem loco clarissimam urbem quae Tantalis vocabatur. Es ist übrigens unerlaubt, den See Saloe (Pausan. VII, 24, 13) mit dem Tantalussee (Pausan. V, 13, 7, VII, 17, 5) zu identificieren.

¹⁶) Strabo XII, 579 C: καὶ τὰς περὶ Σίπυλον καὶ τὴν ἀνατροπὴν αὐτοῦ οὐ δεῖ τίθεσθαι· καὶ γὰρ νῦν τὴν Μαγνησίαν τὴν ὑπ' αὐτῷ κατέβαλον σεισμοί ἡνίκα καὶ Σάρδεις καὶ τῶν ἄλλων τὰς ἐπιφανεστάτας κατὰ πολλὰ μέρη διελυμήναντο. Es ist zu beachten, dafs auch hier nur von dem östlichen Sipylos die Rede zu sein scheint; dafs der westliche Theil nicht immer verschont blieb, beweist unter Anderen Aristides XV.

¹⁹) Aristides I, 372 Dind., vgl. auch Quint. Smyrn. I, 291 ff.

²⁰) Chandler travels I, 207. Hamilton researches I, 50. Vgl. besonders K. B. Stark, Niobe S. 99 ff. 403 ff.

²¹) Auch diese besonders von englischen Reisenden hervorgehobene Möglichkeit berücksichtigt Stark a. a. O. S. 105 ff. Verehrung der Göttermutter in jenem Gebiete S. 413 ff. Religiöser Charakter des Niobebildes S. 439 ff. In einer senkrecht bearbeiteten Felswand, die nach Norden blickt, ist eine Nische, in welche man bequem von beiden Seiten hineintreten kann. Das mittlere Stück wird von einem viereckigen Untersatz eingenommen, auf welchem erst der eigentliche Sessel sich erhebt mit einer Rücklehne, welche zu beiden Seiten mit symmetrischer Biegung hervortritt. Hier sitzt die ungeschickte Felsfigur, die Füfse anscheinend auf eine Fufsbank gesetzt, den Oberkörper vorbeugend, die Armstümpfe auf die deutlich erkennbaren Brüste gerichtet, mit geneigtem Haupte, das hinten mit dem Felsen zusammenhängt und jetzt nur eine unförmliche Rundung bildet. — Pausanias III, 22, 4 nennt als das allerälteste Bild der Göttermutter dasjenige im Gebiet des Magneten ἐπὶ Κοδδίνου πέτρᾳ; hierauf glaube ich auch V, 13, 7 beziehen zu dürfen: Πέλοπι δὲ ἐν Σιπύλῳ μὲν θρόνος ἐν κορυφῇ τοῦ ὄρους ἐστὶν ὑπὲρ τῆς Πλαστήνης μητρὸς τὸ ἱερόν. Hiernach lag also doch jenes Heiligthum dem Lokale der Sipylosstadt nahe. Was dann folgt, διαβάντι δὲ Ἕρμον ποταμὸν Ἀφροδίτης ἄγαλμα ἐν Τήμνῳ zwingt meiner Ansicht nach, Temnos, das man bei Menimen sucht, an das rechte Hermosufer zu setzen, Magnesia schräg, nach Westen, gegenüber. Pausanias spricht als Ortskundiger, wahrscheinlich als Eingeborener, und hier ist Strabo mit ihm durchaus in Uebereinstimmung, welcher von Aigai und Temnos sagt: οὐκ ἄπωθεν δὲ τούτων τῶν πόλεων οὐδ' ἡ Μαγνησία ἐστὶν ἡ ὑπὸ Σιπύλῳ, XIII 621 C.

¹¹) E. Curtius, Artemis Gygaia und die lydischen Fürstengräber, archäol. Zeitung 1853 S. 148 ff. v, Olfers, Abhdl. der Berl. Akad. 1858 S. 539 (a. Anm. 11).
¹²) E. Curtius a. a. O. S. 152. v. Olfers a. a. O. S. 543 Art. 1.
¹³) Stephan. Byzant. n. d. W. Σμύρνα πόλις Ἰωνίας ἦν πρῶτον ἔκτισε καὶ φησιν Τάνταλος καὶ τότε μὲν Ναύλοχον, ὕστερον δὲ Σμύρνα προσηγορεύθη.
¹⁵) Herodot I, 94.
¹⁶) Herodot II, 106, vgl. auch in der Einleitung dieses Aufsatzes den Ueberblick über das Terrain.
¹⁷) Strabo XIV, 634, 646 C.
¹⁸) Duncker, Geschichte des Alterthums III, 485, fasst die Angriffe des Gyges und Alyattes auf die westlichen Gestade als Züge zur Rückeroberung auf.
¹⁹) Ich halte es nicht für unmöglich, dass die Smyrnäer die ihnen fremd gewordenen Denkmäler mit der Sage in Verbindung setzten und dass der Haupthügel schon im Alterthum „Grab des Tantalus" (Pausanias II, 22, 3. V, 13, 7) geheissen habe. Auch kann der Kys-göl, der bedeutendste See in dieser Gegend, nach Texier 800 Mètres lang, 200 M. breit, wohl die „λίμνη Ταντάλου" sein (Pausanias V, 13, 7. VIII, 17, 3). Den Weg von Smyrna aus zu dem See beschreiben Texier II, 265f. und Hamilton Researches I 54f.

G. Hirschfeld.

Sardes.

(Tafel V.)

Auf dem Boden von Sardes sind keine Entdeckungen gemacht worden, wie in Ephesos; hier liegen die Ueberreste eines hohen Alterthums uns nicht in so grossartigem Zusammenhange vor Augen, wie in 'Alt-Smyrna'; hier können wir auch nicht solche Resultate sorgfältiger Lokaluntersuchungen bieten, wie wir sie in Pergamon dem dortigen Architekten verdanken. Wir wollen also die Skizze von Sardes nur mit kurzen Erläuterungen begleiten. Sie hat wenigstens das Verdienst, dass sie von einem Centralpunkte der alten Geschichte die erste zuverlässige Darstellung giebt, und sie wird um so willkommener sein, da das Lokal von Sardes voraussichtlich bald der Gegenstand einer besonderen Aufmerksamkeit sein wird. Denn die in nächster Zeit beabsichtigte Fortsetzung der Eisenbahn, welche jetzt von Smyrna aus über Magnesia am Sipylos bis Kassaba reicht, wird, das Hermosthal aufwärts gehend, das Stadtlokal von Sardes schneiden, und die mancherlei Entdeckungen, welche schon in Folge der vorbereitenden Erdarbeiten zu erwarten sind, werden das Interesse mehr als früher auf Sardes und seine Umgebung lenken, von welcher bisher nur die Fürstengräber am gygäischen See genauer erforscht worden sind (vgl. Arch. Zeitung 1853 S. 148 und Abhandlungen der Ak. d. Wiss. 1858).

Dem mächtigen Gebirgszuge des Tmolos, welcher das Hermosthal im Süden begränzt, läuft ein niedrigerer Höhenzug parallel, welcher, von Nebenflüssen des Hermos durchbrochen, mit schroffen Wänden unmittelbar zur Niederung abfällt. Von diesem Höhenzuge springt ein Gipfel vor, welcher mehr als alle anderen geeignet war, der beherrschende Mittelpunkt des Hermosthals zu werden. Es ist der Gipfel eines Bergrückens, welcher, wie die Skizze zeigt, von SO nach NW gegen die Ebene vorspringt, etwa 200 Meter hoch und wie die pergamenische Burghöhe von zwei tief eingeschnittenen Flufsthälern im Westen und im Osten eingefafst. Tafel V, 3 zeigt ihn von der Nordseite, T. VI, 3 von Westen.

Der Berg besteht, wie die ganze Vorderreihe des Tmolos, aus einem bröcklichten Conglomerat. Daher die ausgezackten Umrisse, auf welche sich der alte Namen Prion bezieht (S. 2), und die zinnenartigen, zum Theil nadelförmig emporragenden Spitzen. Durch den ununterbrochen fortschreitenden Prozefs der Auspülung und Verwitterung, sowie durch Erderschütterungen ist die ursprüngliche Gestalt des Berges wesentlich verändert und neue Erschütterungen können leicht den Ueberrest der alten Krösosburg gänzlich herabstürzen. Schon jetzt ist der Fufs derselben mit dem Schutte des herabgebröckelten Gesteins überdeckt und oben bei *n* sieht man einen Durchstich oder Tunnel (auf der Skizze als Poterne bezeichnet), welcher jetzt über einem jähen Absturze mündet. Noch heute ist der langgestreckte Kamm aber wie in alter Zeit so beschaffen, dafs er, von den beiden Flufsseiten ersteiglich, nur von SW durch den Sattel, welcher die Burghöhe mit dem hinteren Gebirge verbindet, einen Zugang darbietet. Man erklimmt erst den Vorberg *p* und dann durch eine Senkung die eigentliche Hochburg *o*. Die Ueberreste der Burgmauer zeigen, wo sie sich noch am Rande gehalten haben, ein bunt zusammengerafftes Baumaterial; was hier noch von alter Gründung vorhanden sein mag, kann nur durch sorgfältigere Untersuchung festgestellt werden.

Die westliche Thalschlucht ist die der Burg nähere, das Bett des Sard-schai, das Thal der Tempelruine; es ist das Hauptthal des Stadtgebiets, in welchem wir den Paktolos erkennen dürfen.

Der östliche Bach erscheint noch wasserreicher; doch fliefst er nicht in seinem natürlichen Bette, sondern ist in einem Kanale am Rande des Burgbergs hingeleitet und treibt die Mühle, welche auf dem Plane angegeben ist. Αευτροποτάμι nannte ihn der griechische Begleiter, der Inhaber des an der Strafse gelegenen, einsamen Kaffeehauses, (*b*) der eingeborene Perieget von Sardes, und zeigte uns am Gebirge eine hochragende Pappelgruppe, wo die Quelle des Mühlbachs ihren Ursprung habe.

Darnach gliedert sich das ganze Stadtgebiet aufser der Burghöhe in drei Theile. Der eine umfafst den östlichen Abhang, der in breiten Stufen zum Mühlbach abfällt, zweitens den westlichen Abhang, welcher sich zu dem breiteren Paktolosthale senkt, und drittens die Anlagen am Nordfufse der Burg, wo die in ihrer Lage gewifs unveränderte Heerstrafse beide Bäche schneidet.

Sardes war eine echte Dynastenstadt. Sie war berechnet, im nahen Anschlusse an die mächtige Priesterschaft der Kybele dem Herrscherhause einen unbezwinglichen Waffenplatz zu sichern, um von hier das goldreiche Paktolosthal, die unerschöpflich reiche Hermosniederung und die Karavanenstrafse zu beherrschen. Die Prachtbauten des Hofes erstreckten sich von der engen Hochburg auf die Terrassen der Ostseite, während das bürgerliche Geschäftsleben am unteren Paktolos seinen Sitz hatte, wo er die Handelstrafse schneidet. Hier war der grofse Marktplatz, vom Paktolos durchflossen (wie der pergamenische Markt vom Salinus), in der Mitte der gewerbtreibenden Bevölkerung gelegen, welche zur Zeit der Mermnaden eine offene Unterstadt bildeten und in Rohrgezelten oder in rohrgedeckten Backsteinhäusern den Fufs der Herrenburg umgaben. Die Hütten des Marktvolkes reichten den Paktolos aufwärts bis in die Nähe der Priesterwohnungen und an den Tempel hinan, so dafs auch dieser vom Stadtbrande ergriffen wurde, als die Ionier Sardes überfielen (Herod. V, 101).

An der Nordostseite der Burghöhe zieht sich zwischen dem Kamme derselben und dem Mühlbache, beiden ungefähr parallel, eine Terrasse entlang, welche eine Reihe der bedeutendsten Bauanlagen trug, dem Bache zunächst eine halbkreisförmige Anlage (*m*), welche einem Odeion gleicht; dann bei *l* die Substruktionen einer besonderen Terrasse; endlich in derselben Flucht die einzigen deutlicher zu erkennenden Ruinen, die zusammenhängende Gruppe des Theaters (*g*) und Stadions (*h*). Von diesen Bauten sagt Adler in der deutschen Bauzeitung 1872 S. 43. „Es ist in römischer Weise erbaut; der Durch„messer beträgt 126 M. Oben war eine Säulenhalle, in halber Höhe ein Mittelgang; die „Platzeinrichtung ist der Verschüttung wegen unkenntlich geworden. Die beiden Stirn„mauern zeigen Gufsmauerwerk mit Marmorquadern bekleidet. Die Schichtentechnik der „unteren Quaderreihen spricht für einen Neubau des dritten Jahrhunderts aus der Zeit „der Attaliden. Die oberen minder sorgfältig bearbeiteten Quaderschichten lassen mehr„fache und nachlässige Ausbesserungen erkennen. Zu den Füfsen des Theaters und der „Hinterfront seines Skenengebäudes unmittelbar angeschlossen liegt das Stadion mit der „richtigen Länge von ca. 190 M. Seine Längsaxe ist von SO nach NW gerichtet; die „linke Sitzreihe ist in das abgeschrägte Terrain eingeschnitten, die rechte ruht auf winkel„recht gestellten rundbogigen Tonnengewölben römischer Technik. Die Hauptwiederher„stellung ist nach dem grofsem Erdbeben in Tiberius' Zeit erfolgt, wie vortreffliche ältere „Baustücke erkennen lassen, die zu dem Gufsmörtelbau verwendet worden sind."

Die merkwürdigsten Ueberreste finden sich nördlich vom Stadion (*i*), wo aus dem Schutte die Trümmer einer alten Befestigungsanlage hervorragen, welche wie eine Art Pelasgikon den Burgabhang eingefafst haben mufs (Tafel V, 2).

„Zwei aus grofsen Quadern hergestellte Rundbogenthore, von SO nach NW ge„richtet, nach einer schrägen Axe geordnet. Das untere Thor ist bis zu den mächtigen, „nur aus einer unterwärts abgeschrägten Platte bestehenden Kämpfern verschüttet; der „obere Thorgang ist bis zu 1 M. unter dem Scheitel in der Erde begraben. Die Bogen„spannungen sind klein (2,15), aber die Gröfse der Quadern, die Strenge der Kämpfer, „die treffliche Technik bezeugen eine frühe Bauzeit. Von der starken Mauer, zu welcher „das Doppelthor den Zugang eröffnete, sind noch Quaderdoppelreihen vorhanden und auf „beträchtliche Strecken verfolgbar."

Die anderen Ueberreste auf diesen Terrassen gehören durchaus späterer Zeit; so die oberhalb der von Platanen beschatteten Mühle stehenden fünf Pfeiler. „Grofse Mar„morquadern, ionische Architravblöcke, kannelirte Säulentrommeln, korinthische Kapitelle. „Alles ist bunt durcheinander gepackt. Die Orientirung nach NO, in welcher Richtung „auch eine Apsis gestanden zu haben scheint. Die Länge beträgt 33 M., die Breite „15 M. Auch hier sind die Pfeiler unten aus Marmorstücken, die Gewölbeansätze aus „Backsteinen construirt. Die Façadenreste zeigen die spätest-römische Technik; vier „Ziegelschichten wechselnd mit einer Bruchsteinschicht. Das Ganze ist der Rest einer „aus antiken Trümmern liederlich zusammengesetzten, einschiffigen gewölbten altchrist„lichen Kirche. Unter den verwendeten Bruchstücken sind werthvolle, wenn auch spät„römische Strukturtheile vorhanden."

Jenseits des Mühlbachs breitet sich eine Niederung aus, welche, im Rücken von demselben begränzt, nördlich gegen die Heerstrafse ausgedehnt ist, in der Mitte die Ruine (*e*) 80 Schritt von der Strafse entfernt. „Es sind die Trümmer eines zur christlichen „Kirche umgestalteten antiken Gebäudes. Deutlich erkennbar ist ein oblonger gewölbter „Saal, an seinen kurzen Seiten mit Halbkreistribünen begränzt. Die Mafse sind beträcht„lich, 17 M. Breite und 61 M. Länge mit Ausschlufs der Tribünennischen, deren Spannung „fast 13 M. beträgt. Die Langseiten sind völlig durchbrochen, so dafs der Raum ähnlich „wie die Maxentiusbasilika auf 8 Pfeilern ruht. Die 7,50 starken Pfeiler sind aus grofsen „Marmorquadern erbaut; über ihren ionischen Antenkämpfern folgen Backsteinschichten. „Erhaltene Ansatzspuren verrathen die frühere Existenz von Tonnengewölben mit grofsen „Seitenstichkappen; Seitenschiffe waren nicht vorhanden, doch befanden sich 8 M. breite „Portiken vor der Front und Hinterseite. Hinter der letzteren zeigt sich das Terrain „um 3 M. künstlich vertieft und breit umwallt, so dafs wahrscheinlich in dem Raume der „Hauptsaal eines Gymnasiums und in dem gröfseren vertieften Platze die Palästra des„selben zu erkennen ist.

Die Nordgränze des Stadtgebiets bildet ein unmittelbar zur grofsen Ebene abfallender, von W. nach O. gestreckter Damm und weiter ostwärts zwei platte Hügel, zwischen denen die Strafse hindurchgeht; sie sind aus dem Schutte untergegangener Backsteingebäude entstanden oder wenigstens dadurch erhöht (*d*). Der Damm macht den Eindruck eines künstlichen Aufwurfs, der die Stadt von der Nordseite schützen sollte. Ansehnliche Mauerreste finden sich am äufseren Rande und der Mühlbach zieht sich wie ein Stadtgraben vor demselben hin. Auf der breiten Oberfläche des Damms standen alte Gebäude, von denen namentlich der aus grofsen Marmorquadern wohl gefügte Unterbau eines Tempels (*q*) übrig ist mit zwei benachbarten gröfseren, aus Bruchsteinen und Ziegeln bestehenden Ruinen, welche als die aus dem Palaste des Kroisos entstandene 'Gerusia' angesehen zu werden pflegen (Vitruv. p. 49, 14 ed. Rose und Plin. 35, 172).

Diese Ruinenstätte ist vor Allem einer genaueren Erforschung würdig und ebenso die Spuren eines alten Thors bei *s*, welches den Weg nach Kassaba schneidet, und die nördlich von dem Weg gelegenen, an beiden Uferrändern sichtbaren Landpfeiler einer alten Paktolosbrücke.

Endlich der wichtigste Punkt in Sardes, die Stätte des Kybeletempels am Paktolos bei *t*, dessen Untermauerung gewifs als das älteste der in Sardes vorhandenen Werke der Vorzeit gelten darf. Die unmittelbare Verbindung, in welcher das Heiligthum mit dem Paktolos erwähnt wird (Soph. Phil. 391) läfst an der Benennung der Ruine nicht zweifeln, welche 100 Schritt vom Rande des Flufsbetts entfernt ist.

Adler sagt darüber a. a. O. „Drei bis fünf Meter liegen die Trümmer ver„schüttet; zwei Säulen mit kräftigen Volutencapitellen ragen noch aufwärts; andere liegen „daneben, in Trommeln zerspellt, wie das Erdbeben sie niederwarf. Die Zerstörung ist „seit 170 Jahren weit vorgeschritten. Bei Chandlers Besuch 1764 standen noch 5 Säulen „aufrecht, selbst ein Architravstein ruhte deckend und festigend darüber. In Chishull's „Zeit 1699 war sogar noch die Hauptthür zum Naos vorhanden; ihr kolossaler Deckstein „erregte sein Erstaunen. Und noch jetzt imponiren die Trümmer trotz aller Verschleppung „und Verschüttung durch den grofsen Mafsstab, in dem sie gearbeitet sind. Der nach „NNO orientirte Bau war ein achtsäuliger ionischer Dipteros; der untere Säulendurch-

„messer beträgt 2 Meter, die Axenentfernung 5,20; die Kanneluren, 24 an der Zahl, sind
„nur lehrenartig am An- und Ablaufe vorgearbeitet, aber nie vollendet worden. Voll-
„ständig fertig gearbeitet erscheinen die weit ausladenden und höchst wirkungsvollen
„Kapitelle. Ihre Schwere entspricht der der Kapitelle von Priene, doch sind die mit 4
„Kehlen (darunter zwei schuppenbelegte Balteusgurte) versehenen Seitenansichten reicher
„geschmückt, als die entsprechenden jener Kapitelle. Das Schneckenauge bildet einen
„stark vorspringenden Knopf; eine flache Rose steht in der Frontmitte der volutirten Fascia
„und wird in seltsamer Weise von zwei füllhornartigen Kelchen umrahmt. Die doppelten
„Perlenschnüre der Balteusgurte sind in Voluten beendigt und tragen zierlich gemeifselte
„Palmetten. In allen diesen Details so wie an anderen, welche von den Epistylien und
„den Kranzgesimsen herrühren, wird der Charakter einer spät hellenistischen Epoche
„erkennbar. Es ist zu bedauern, dafs Texier von den interessanten Details keine Abbil-
„dung gegeben; die bei Chesney mitgetheilten sind nicht ganz zuverlässig. Das Material
„ist ein grobblättriger, weifser, hie und da blaugrau gefärbter Marmor."

Erörterungen über die Terrainskizzen und Ansichten nebst Verzeichnifs der Tafeln.

Die in den beigegebenen Lithographien niedergelegten Situationsdarstellungen entstammen hauptsächlich Aufzeichnungen, welche von dem Major Regely, der laut Allerhöchsten Kaiserlichen Befehls den Professor Curtius auf der Reise nach Klein-Asien und Athen begleitete, an Ort und Stelle angefertigt worden sind.

Es ist für diese topographischen Darstellungen der Name „Skizzen" gewählt worden, da ihnen eine, bis in's Detail herab, streng durchgeführte, genaue instrumentale Aufnahme ermangelt, die bei der Kürze der zu Gebote gestellt gewesenen Zeit, welche sich für einzelne Terrains auf wenige Stunden beschränkte, nicht zu bewerkstelligen war.

Wenn im Speciellen also diese Aufzeichnungen (Croquis) nur nach dem Augenmaafse (à coup d'oeil) ausgeführt worden sind, so liegt ihnen doch mehr oder weniger, zu genauerer Fixirung der Hauptpunkte, eine kleine geometrische Netzlegung (graphische Triangulation) zu Grunde.

Diese wurde gestützt auf eine, an geeigneter Stelle in den Terrains in ca. 400 M. (500 Schritt) Länge scharf abgesteckte, sorgsam abgemessene und durch wiederholtes Abschreiten genau verificirte Standlinie. Vermittelst eines einfachen sehr portativen Feldmefstisches mit Orientirboussole und Diopterlineal wurden dann, von mehreren festgelegten Standpunkten aus, die wichtigsten Punkte in der Landschaft, ihrer horizontalen Lage nach, bestimmt. Im steileren Berggelände, im unübersichtlichen Terrain, woselbst der Gebrauch des Mefstisches schwieriger war und mindestens Zeitverlust verursacht hätte, mufste eine kleine Patentboussole die nöthigen Dienste leisten. In das auf diese Weise gewonnene Netz wurde das Detail der Situation (Planimetrie) nach dem Augenmaafs, unterstützt durch Abschreiten und Winkelschätzung, eingezeichnet.

Für die Terrainskizze von Ephesos mufste aus naheliegenden Gründen von einer genauen Aufnahme der im Artemision etc. stattgehabten Auffindungen abgestanden werden, um so mehr als dort die Ausgrabungsarbeiten gerade in vollem Gange waren; es konnte nur die Lage des Artemisions selbst angedeutet werden. Einiges nähere Detail über die Reste des Peribolos etc. hat später Herr Dr. Weber aus Smyrna zu liefern vermocht, und ist dasselbe bei Ausführung der Skizze in Betracht gezogen worden. Die Skizze von Pergamon ist nach einer von dem Ingenieur C. Humann im Verhältnifs 1:10000 entworfenen Zeichnung topographisch in den Maafsstab 1:20000 umgearbeitet, zur Darstellung gelangt.

Bei der Aufnahme der Gegend von Alt-Smyrna standen einige Tage zur Verfügung; es konnte daher hier etwas umfänglicher und detaillirter verfahren werden, auch wurde es sogar möglich, vermittelst eines aus Smyrna entliehenen grofsen Theodolithen, die absoluten Höhen der Akropolis, der Warte und des sogenannten Tantalosgrabes zu bestimmen.

Es kann übrigens nicht unerwähnt bleiben, dafs es anfänglich beabsichtigt war und angethan schien, für die Darstellung der einzelnen Terrains, etwa vorhandene frühere Karten und Aufnahmen direct zu verwerthen und in Bezug auf Hauptsächliches zu rectificiren, die selbstständige, Zeit beanspruchende Aufnahme, aber nur auf die Lokalitäten zu erstrecken, von welcher noch keine Zeichnung existirte. Es hat sich aber herausgestellt, dafs die meisten dieser älteren Pläne und selbst die englischen Seekarten landeinwärts, so unrichtig sind, dafs eine Verbesserung derselben nicht thunlich und der Entwurf eines selbstständigen Croquis am rathsamsten war.

In ähnlichen Fällen möchte für die Netzlegung der Gebrauch eines kleinen portativen Theodolithen mit Distancemesser dem des Feldmefstisches noch vorzuziehen sein.

Den in den beigegebenen Lithographien dargestellten landschaftlichen Ansichten von Ephesos und Sardes liegen einige, vom Professor B. Stark angefertigte Umrifsskizzen zu Grunde; sie sind in geändertem Maafsstabe von Künstlerhand in Vollendung gebracht worden.

Tafel I. Skizze von Ephesos aufgenommen von Major Regely.
Tafel II. Detailaufnahmen in Ephesos:
1) Felsheiligthum (Grundrifs)
2) Westlicher Aufgang (siehe S. 14 und 35) } aufgenommen von C. Humann;
3) Stadtquelle (S. 35) nach der Zeichnung Adlers;
4) Ueberrest des Peribolos (S. 27, 37) nach Aufnahme des Herrn Weber in Smyrna.
Tafel III. Skizze von Pergamon nebst Grundrifs und Ansicht des Augehügels und Längendurchschnitt des Ganges (S. 53, 55f.) nach Aufnahme von Herrn C. Humann.
Tafel IV. 1) Skizze von Alt-Smyrna
2) Grundrifs der dortigen Akropolis } aufgenommen von Major Regely;
3) Uebersichtskarte des Golfs von Smyrna und des unteren Hermosthals;
4) Ansicht eines Burgthors (S. 77) nach einer Zeichnung des Herrn Weber.
Tafel V. 1) Skizze von Sardes aufgenommen von Major Regely;
2) Ansicht des Thors am Abhange der Burg (S. 86) nach einer Zeichnung von Adler;
3) Ansicht von Sardes (Nordabhang der Akropolis und Theater; im Vordergrunde die Ruine s) nach einer Zeichnung des Herrn Prof. Dr. Stark, aufgenommen vom Hügel d östlich vom Kaffehause.
Tafel VI. 1) Ansicht von Ephesos von Ayasuluk (d. h. vom Südabhange des Kastellbergs auf den Pion und den dahinterliegenden Ostabhang des Koressos; links im Vordergrunde die Moschee Selim) nach einer Skizze von Herrn Prof. Stark;
2) Ephesos vom Odeion (S. 26, 35), links die Abhänge des Koressos; weiterhin das alte Athenaion mit dem St. Paulsgefängnisse (S. 12, 40),

im Hintergrunde die Berge jenseits des Kaystros, rechts der Abhang des Pion. Nach einer Zeichnung des Herrn Prof. Stark.

3) **Akropolis von Sardes** (Westabhang), vom Kybeletempel aus; im Vorgrunde die beiden noch stehenden Säulen (S. 87), nach einer photographischen Aufnahme.

4) '**Felswarte**' von Alt-Smyrna, im Vordergrunde die Felsklippe mit ihren alten Bearbeitungen (S. 76). Im Hintergrunde jenseits des Golfs der Doppelberg bei Vurla (Klasomenai), nach einer Zeichnung von Adler.

Uebersicht des Inhalts.

	Seite.
Abhandlung über Ephesos	1—34
Einleitung	1— 5
Ephesos bis Kroisos	6—16
bis Alexander	16—23
bis Octavian	23—27
Reformen durch Octavian	27—30
die Verbindungslinien im Stadtgebiete	30—34
Erläuterungen zu den mitgetheilten Stadtplänen	34—88
I. Zum Stadtplan von Ephesos (von Fr. Adler)	35—44
Felsheiligthümer	35
Artemision	36
Stadion und Theater	38
Odeion	39
Ringmauer	40
Gymnasien	41
Praetorium und Tempelgebäude	42
Grabmäler	43
II. Zum Stadtplane von Pergamon:	
1) Lokalität und Stadtgeschichte von Pergamon	45—54
2) Baudenkmäler von Pergamon (von Fr. Adler)	54—61
3) Pergamenische Inschriften	
a. aus Bergama und Kirk-agatsch	62—67
b. aus Klissekoei etc. (von H. Gelzer)	68—73
III. Zum Stadtplane von Alt-Smyrna (von G. Hirschfeld):	
Beschreibung der Ruinen	74—81
Anmerkungen	81—84
IV. Zum Stadtplane von Sardes	84—88
Bemerkungen zu den Tafeln	89—91